蝶变

胡建成海外创业启示录

潘剑冰 著

哈尔滨工业大学出版社

图书在版编目(CIP)数据

蝶变：胡建成海外创业启示录 /潘剑冰著. —哈尔滨：哈尔滨工业大学出版社，2021.1

ISBN 978-7-5603-9051-2

Ⅰ. ①蝶… Ⅱ. ①潘… Ⅲ. ①传记文学-中国-当代 Ⅳ. ①I25

中国版本图书馆CIP数据核字(2020)第165298号

HITPYWGZS@163.COM

艳|文|工|作|室 13936171227

蝶变：胡建成海外创业启示录

DIEBIAN:HU JIANCHENG HAIWAI CHUANGYE QISHI LU

策划编辑 李艳文 范业婷

责任编辑 那兰兰 付中英

装帧设计 屈 佳

出版发行 哈尔滨工业大学出版社

社 址 哈尔滨市南岗区复华四道街10号 邮编150006

传 真 0451-86414749

网 址 http://hitpress. hit. edu. cn

印 刷 辽宁新华印务有限公司

开 本 710mm × 1000mm 1/16 印张 15 插页 8 字数 198千字

版 次 2021年1月第1版 2021年1月第1次印刷

书 号 ISBN 978-7-5603-9051-2

定 价 68.00元

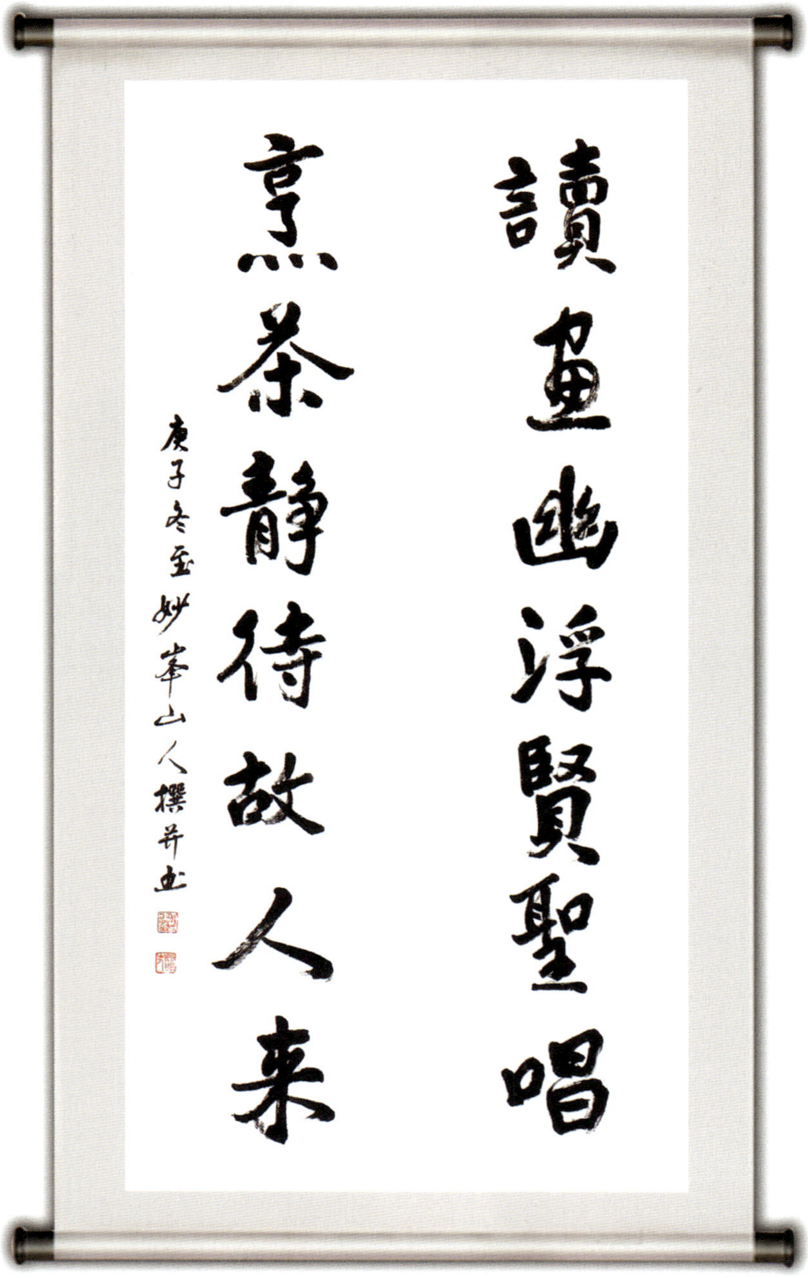
讀書幽浮賢聖唱
烹茶靜待故人來
庚子冬至妙峯山人撰并書

山水小学合影

梅林中学毕业照

初中时的胡建成

家乡瓦窑头村横金山

高中毕业照

高中毕业20年同学聚会合影

2002年，与寝室同学合影

大学军训留念

大学毕业照

2014年5月，参加第九届玄奘之路国际商学院戈壁挑战赛

2014年8月31日，哈尔滨工业大学新加坡校友会成立庆典

2017年1月14日，恩诚晶艺新春年会

2017年11月，到哈工大土木工程学院招聘

2018年9月，参加首届世界宁海人发展大会

2019年，代表新加坡浙商协会，向沈颖部长赠予书法作品

书法作品赠送新加坡副总理王瑞杰先生

恩诚建筑马来西亚分公司部分员工合影

与公司老员工聚餐

2019年7月，视察柬埔寨分公司

乌来西亚森林城市的其中一栋楼封顶现场

挥毫泼墨

日本书法篆刻家师村妙石一行参观马来西亚分公司

拜日本书法篆刻大师师村妙石为师，并赐号“妙峰山人”

哈工大高层次人才宣传团来新加坡招聘

哈工大百年校庆新加坡校友会校旗传递仪式

为新书《新加坡封城日记》签名

《新加坡封城日记》出版并接受《联合早报》采访

新书《新加坡封城日记》

与家人在法国巴黎

与父母一起在家乡瓦窑头村的石孔桥上合影

建筑山水

2004年秋天，一位浙江青年离开中国，投身新加坡的建筑业。他的抵达，缘于一位比他更早来到新加坡的大学同学的介绍，借助中国的亲戚朋友筹措的出国费。2008年10月，经过短短四年的磨炼与奋斗，这位青年创立了自己的建筑公司，翻开海外光荣的篇章，谱写成功的故事。

这位青年是胡建成。

这本传记不但精确地捕捉了胡建成在新加坡的华丽转身，蜕变为成功的华商，而且充分地反映了胡建成的成功之道在于变通，能够适应异国文化与新格局，攀登企业高峰。

胡建成的这本传记，列入“建校百年·哈工大人系列丛书”，成为意义富饶的标记。

这不仅仅是因为胡建成的海外轨迹，为哈工大同学引路，象征哈工大校友的密切跨国网络。更重要的是，胡建成在新加坡的发展，基于他努力积极的态度，树立了华侨、华人、新移民的正面典范，值得庆贺，值得读者领会。

作为一本个人传记，《蝶变——胡建成海外创业启示录》，可以给读者带来两方面的启迪：志气、地气。

胡建成百折不挠的志气，让他在人生的道口上，攻无不克，战无不胜。翻开这本传记，可以看到他自小就有坚韧的志气。从浙江小学至中学，再到哈尔滨工业大学，胡建成的求学之路，展示了他不断努力争气的毅力。从中国移民到新加坡后，胡建成的经商之道，更是揭示了他敢为天下先的锐气，一往无前的勇猛。

胡建成直面现实的地气，让他处事周全，办事通达。建筑业是新加坡的重要领域，支撑整个国家稳健发展，涉及各个单位之间的互动。这本传记里，有许多事情显示，胡建成是很接地气的，务实地贯通各个政府部门与企业公司，完成了一个又一个项目。更难能可贵的是，他从底层做起，成为老板后，始终关心公司员工，甚至建筑客工。

我与胡建成结缘，是因他创设的恩诚晶艺美术馆。在那里举办书法展览时，或下午茗茶时间，有机会见识他执笔挥毫时的龙飞凤舞，聆听他谈论局势时的海阔天空。回顾来时路，他是低回低柔的。展望未来，他是逸兴壮思的。

可以说，他是具有文人气息的企业家。

2020年初，新型冠状病毒出现在新加坡的时候，胡建成秉持他从小养成的写日记习惯，记叙了新加坡疫情管控下的情况。同年7月，他以笔名“狮城小谷主”出版《新加坡封城日记：一个中小企业雇主的心声》，一纸风行，洛阳纸贵。

我给《新加坡封城日记》写的序，里面有两段是这样的：

“新冠病毒汹涌的时候，许多人都在寻找解药，以及出口。虽然文字不能医治疾病，但能回应时代，开脱心灵。《新加坡封城日记》就是一本解困的纪事，因为对生命充满敬畏，对世界充满理想，对社会充满关怀。”

这本《蝶变——胡建成海外创业启示录》，更加得见胡建成的立己达人。

在移民与离散的书写当中，常见一种漂泊的论述：“永远推迟的抵达。”然而，胡建成的事迹，是成功的抵达，深刻的本土化，以及稳健的跨国化。

从浙江宁海的乡间田园，到哈尔滨的辽阔冰域，从中国故乡的学习之路，到新加坡城市的经商之道，胡建成一直守护心灵的一方明净山水。

无论是自然的，或者是钢筋的，胡建成持之以恒，结合志气与地气，构建山水。

《蝶变——胡建成海外创业启示录》这一里程碑，虽已集结丰美硕果，但仅仅是一个开始。胡建成年轻有为，未来肯定会再攀高峰，在其建筑的山水之间，再添优美的色彩。

游俊豪 南洋理工大学华裔馆馆长
南洋理工大学中文系主任

“狮城小谷主”的胸中丘壑

品人有如读书，一本佳作，未必开篇就要语出惊人，更需耐读，能够言之有物，娓娓道来，越读下去越有步步莲花的惊喜。近来，以“狮城小谷主”的笔名蹿红网际的胡建成，就好像这样余韵悠长、久而弥笃的一本书。

初识建成还是在2012年新加坡国立大学商学院EMBA21班的课堂。建成言语不多，极为安静，圆脸上一直挂着一丝谦和的微笑，但在三个整天的课程中始终目不斜视、保持着专注，在高谈阔论的同学之中倒像是个异类，那时他应该才三十出头，在藏龙卧虎、强者云集的EMBA班中是典型的小字辈。当时对建成了解并不多，只知道他是新加坡众多建筑业老板中的一员，后来不断听到有关他的消息，得知他的建筑生意蒸蒸日上，还与同学把企业开回了中国，再后来则是听说了他在书画方面的雅趣与不凡的造诣，直到2020年新加坡疫情出现，每晚都在网上读到他发表的封城日记，才从洋洋洒洒的文字中感受到建成看似平静的外表之下涌动的情怀，或针砭时弊，或感时伤世，叹人事之有限，哀民生之多艰。建成的日记以“狮城小谷主”署名，胸中藏有丘壑，眼里装的是天下！

建成受其本科母校哈尔滨工业大学之邀立传，才让我有幸通过文字的记述对他有了立体的认识和全面的解读。建成出身浙江宁海的山村寒门，一路苦读，求学于北国，靠着超出常人的勤奋完成学业，又远走南洋，从工程预算员做起，经过携妻女蜗居集装箱宿舍的苦日子，先在新加坡的建筑业红海中站稳脚跟，又将事业发展到了马来西亚和柬埔寨，一路来涉艰履危、筚路蓝缕，其间的辛苦与辛酸引人唏嘘，而今日的成就，在我看来，离不开他身上几个闪亮的特质。

建成极为好学善思，持续自我提升。在新加坡的事业刚刚稳住阵脚，立即报读了南洋理工大学的国际工程管理，在专业知识上寻求更新与深化，为未来的发展完成知识储备。一毕业，又加入了新加坡国立大学（简称新国大）商学院的EMBA项目，在建筑工程专业之外，拓展管理视野，开发全局思维，这也才有了我和建成的这个缘分。读过传记，眼前又闪过当年课堂上那个沉默的建成。新国大商学院的课程堪称魔鬼，当时每门课历时三天，从早到晚历时九小时，下课后还要完成作业和小组报告，被许多人视为畏途，如建成能始终保持专注者，实属凤毛麟角。除了求知若渴，建成更善于活学活用，在课堂上听到了海底捞的案例，立即组织员工前往海底捞聚餐，号召现场学习，将海底捞的运营与服务哲学移花接木到建筑项目的管理。建成的这个学，可实在没有白上！

建成极具长性。本以为他的日记是封城时期困坐家中的不平则鸣，其实他从少年时就有记日记的习惯，录其所见，书其所想，厚厚的几大本，保存至今，记录下人生轨迹上的足迹、对众生世情的观照，给如今立传留下了完整的资料，在读者面前塑出如此完整的形象。这些年听到建成寄情艺术事业，本以为是许多“大款”功成名就之后的闲情逸致，读过其传记才了解到，如今不凡的书法造诣得自于少年时山乡生活的贫寒与物质条件的匮乏，写毛笔字成了他年少时仅有的娱乐，数十年来寒暑交替，也不乏颠沛漂泊，却能持之以恒、临池不辍，才有今日的渐登堂奥。写字能如此，又何愁事业不成?

作为新国大商学院教授，对于企业界的成功人士所见颇多。但是对于建成，从传记中尽观其波折坎坷的成长与创业之路，从他的封城日记中得闻其心声，感受到的更是他独特的精神内涵和丰富的内心世界。笔者身处象牙塔中，在学术研究方面的确算得上十年寒窗、穷经皓首，但是与建成的成长之路相比，实在只能说是养尊处优了。建成少年时挤进县城中学遭人白眼，大学时在哈尔滨的中央大街叫卖马迭尔冰棍，初到南洋时光着膀子与建筑工人侧身于集装箱宿舍，事业刚起步公司就因为股权纠纷而解散，一路走来步步惊心，凡能成功者，都要足够坚忍、执着，但是建成身上更有一份难得的豁达、通透与乐观，不自怨自艾、顾影自怜，既能屈能伸，又能洁身自好，穷且益坚。读建成的封城日记，便惊艳于其学养，从《诗经》到海子，辞章典故佳句信手拈来，比如以辛稼轩《青玉案·元夕》中名句来自述其内心的求索，或以苏东坡的赤壁名篇自励以排遣去路彷徨的中年焦虑，正是其多年的坚持阅读塑造了宽阔的心胸与强大的内心，得以在困顿中能破茧、逆境中有新生。

建成为人极有静气，近年来事业稳定之后，不像有些人开始纵情声色、放飞自我，也不像有些人钻进钱眼、唯利是图，忘了自己的初心与情怀。而是积极投身于书画艺术，开办美术馆、艺术协会，再遍访书法篆刻名家以求精进。但技巧的进步之外，更让我看重的是他对书道的理解以及由书及人的精神陶冶。建成少时学柳，“心正则笔正”之论于其有启蒙之功，在我看来，正是书法的童子功所带来的熏陶才塑造了建成的人格，能在职业生涯中以其勤勉与诚信赢得诸多前辈的青睐，能在心灰意冷之时不忘肩上应有的担当。建成寄情书法，养其气，修其身，立其品，在我看来，不但不是“不务正业”，更会让他在未来的商界风浪中更有“千磨万击还坚劲，任尔东西南北风”的坚定与沉着。

品人有如读书，做人亦如著书，一本好书每一页翻过都该让读者体会到更深的内涵、领略到更多的精彩。建成内心的坚守和不懈的自我完善既会让读者受益，也会让他在未来有更多的辉煌可以写就。传记中写道，建成的身上“番薯”与“藤蔓”的精神合二为一，前者坚韧，有土有阳光，插上就能成活；后者向上，即使被困于斗室之内，仍会顽强地向光生长。读到此处，与我心实有戚戚。建成其人，让我来评价，就好像毛姆所说：“在满是六便士的街上，他抬头看到了月光。”

傅　强　新加坡国立大学商学院副教授
中文EMBA项目学术主任

引言

2020年4月7日，新加坡历史上一个重要的日子。受日渐肆虐的新冠疫情影响，新加坡政府决定自这一日起正式“封城”，企业停工，学校停课，所有提供非必要服务的场所一律关闭。新加坡建国半个多世纪以来，开埠两百年来，这还是第一次。而在新加坡疫情第二阶段，封闭拥挤的劳工宿舍成了主要的感染场所，作为一个管辖着众多外来劳工的建筑业承包商，在这场百年一遇的风暴之中，胡建成无疑正站在风暴眼之中。

新加坡封城那天，胡建成伫立在自家的阳台上，看着繁华热闹的城市突然间变得冷清落寞，看着往日的人间烟火气一下子被雨打风吹去，不禁感慨万千，他拍遍栏杆，拊膺长叹，叹世道多艰，叹世人多难，叹命途多舛，叹未来多变。陆游有云：“盖人之情，悲愤积于中而无言，始发为诗。不然，无诗矣。”胡建成不写诗，但他写日记，从中学时代开始他就有写日记的习惯，至今家里仍然珍藏着三本高中时代的日记，品相完好，字迹清晰；后来到新加坡后，住在工地宿舍，亦以日记排遣寂寞，对抗空虚，洋洋洒洒，前后留下几万字。但创业后，事情日益增多，心情日益躁动，遂搁笔至今。如今疫情给他的工作按下了暂停键，却也让他重新找到了写作的状态，不平则鸣，积于中则发于外，何以解忧，唯有日记，那就写吧。

写完前两篇日记后，偶然被自媒体“新加坡眼”转发在公众号上，激发起网友们强烈的共鸣和广泛的讨论，这让胡建成有了写下去的动力，“欲持一瓢酒，远慰风雨夕”，他打算以文代酒，和朋友在这风雨如晦的时刻互相劝慰、共勉。尤其是那些和胡建成一样的“小雇主”，从胡建成的日记中读到了自己想说而又说不出或者说不好的话，原本如鲠在喉，竟被胡建成的文字打通，不由大呼痛快，强烈要求他继续写下去。于是，胡建成索性起了一个笔名“狮城小谷主”，从4月7日封城到6月1日解封，开始了50多天连续不间断的写作。这段时间，很多原本没有阅读习惯的“小雇主”也天天像追剧一样等着胡建成更新，据说这件事还使得新加坡的桌子销量上升，原来“小雇主”们看到这些日记，精彩处拍案惊奇，伤心处拍案而起，痛快处拍案叫绝，愤怒处拍案叫骂，愣是拍坏了不少桌子。

胡建成的笔下，或悲天悯人，直面建筑业可能遭受的“履约保函”“额外成本”等考验，并提出应对之策；或金刚怒目，痛批“集体劳工宿舍”制度的历史弊端和现实问题，为改革鼓与呼；或笑傲江湖，谈笑间评点新加坡建筑江湖的奇人奇事奇谈。其文采风流，让人很难想象他原来只是一个哈尔滨工业大学理工科毕业的学生，当然这也表现了哈工大这所工科名校百年底蕴中不为人注意的另外一方面，那就是深厚的人文情怀。

而这远不是胡建成封城日记中的全部，日记中还穿插着胡建成个人的创业史，这也是封城日记最动人的部分。从日记中一些片段的叙述，我们不难还原出胡建成十二年创业生涯艰辛缔造的情形：他原本只是中建南洋一个普普通通的预算员，身处异国，无依无靠，却恰逢机缘，创办华庭建筑，转型成为一名建筑业分包商。然而，转型只是胡建成创业史九九八十一难的开始，一路上，他饱受各种“傲慢与偏见”，从上到下都在怀疑，一个小预算员能否干成大事业，甚至连胡建成也在一些重大的挫折面前怀疑自己是不是干大事的，他曾因被总包骂出工地一气之下差点准备拎包回国，又在顶住压力取得成功之后却因股权架构问题不得不忍痛关闭公司……别人创业一生所经历的酸甜苦辣、是非成败他在短短的一年多时间内竟然都尝遍了。不过，也就是在这个过程中，胡建成取得了“真经”，也正是这些“真经”造就了恩诚建筑的十年辉煌。他的这种自强不息、逆流而上的精神，也正是我们抗击疫情、走过难关所需要的。难怪有网友评价说，读胡建成的封城日记，让人有一种在寒冬里重获温暖的感觉。

如果我们把时间轴再拉长，从封城日记回溯，回到胡建成中建南洋时期的工地日记，再到他学生时代的日记，一个个片段如电影镜头般闪过，你就能看到一个血肉更丰满的胡建成。小时候，胡建成在放牛牧羊、种田砍柴的辛苦劳作中成长，一直到上学后，穷困始终都是他无法摆脱的生活主题。直到初三时，他还穷得每天常以一个咸鸭蛋为菜，当时的语文老师顾胜利来到宿舍，看到这一幕，勉励他：“吃得苦中苦，方为人上人。”大学时代，他为了赚取生活费，抱着泡沫箱子在哈尔滨的大街小巷叫卖马迭尔冰棍；就职金山建筑，收入微薄，他站在外滩辉煌的灯火中感叹人生的黯淡无光；在中建南洋“搬砖”，他看到睡觉的流浪狗安逸的样子，竟心生些许羡慕……他的人生，是一部平凡人的“苦难与辉煌”之作，尽管苦难未必多么深重，辉煌也没有多么灿烂，但放在绝大多数人波澜不惊的生命历程面前，也足够回肠荡气了。

“小谷主”者，小雇主也，即中小企业家。小雇主必须入世，职场打拼，“小谷主”也要出世，悠游林泉。时光回到眼前，这个时候胡建成本应在工地，催进度，斗甲方，然而一场突然而至的疫情却让他不得不隐于市井，埋头著述。之前很长一段时间，胡建成跟文字打交道都是以入世的处境干着出世的事情，纵使忙里偷闲练练书法，忘情于艺术，也常因事业牵绊不能尽兴，而感冲突之痛；如今写日记却是以出世的处境干着入世的事情，明明可以偷得浮生多日闲，却要自寻烦恼，忧心时事。

其实，不论是在入世时干出世之事，还是在出世时做入世之事，都是胡建成对人生价值的一种追寻。如果说，入世体现的是自己的社会价值，出世体现的是自己的个人价值，那么纵观胡建成的生平，他一直在追寻的就是这种个人价值与社会价值的共振。不管是创办建筑公司，让许多夫妻得以团圆，父子得以团聚，家庭得以生存，还是创办恩诚晶艺美术馆，捍卫、传承、推广中华文化，抑或接任哈工大新加坡校友会会长，团结校友，共襄母校百年校庆盛事，都是这两种价值追求碰撞的表现。

如今胡建成的《新加坡封城日记》已经正式结集出版，这里面有彷徨，有沮丧，有挣扎，但更有豪情，有信心，有光芒。正如南洋理工大学中文系主任游俊豪为这本书写的序言中所言：“《新加坡封城日记》，就是一本解困的纪事，因为对生命充满敬畏，对世界充满理想，对社会充满关怀。”当然，比日记更精彩的一定是写日记者，三十年前，胡建成还只是浙江宁海县帽峰山下一个放牛娃，管着一头牛，如今他管的是一家跨国公司，其间的动撼处、动荡处、动目处、动心处远不是日记中的只言片语所能展现的，且让我们一起走进胡建成精彩纷呈的人生当中吧。

目　　录

1 山中岁月从容过　水里年华自在流

胡建成的童年记忆中充满着这样的片段：摘野果，下水摸鱼，上树掏鸟，累了到飞瀑去淋个清水澡。胡建成是钓鱼的高手，每天放学后，顺道挖几条蚯蚓当鱼饵，回家戴上草帽，挎着箩筐就出门奔小溪去了。他常能得到比小伙伴更多的收获，每次至少带着半箩筐鱼回家，其超出同龄人的耐心与细心于此可见一斑。

2 轻狂不负因年少　慷慨常随缘志高

梅林中学的应校长一见应发明亲自登门，脸色和之前比顿时有了明显的差异，一下子平易近人了，陪着笑亲自给他们倒水上茶。这一幕看似波澜不惊，在胡建成心里却已经是激流翻滚，他暗自下定决心，日后一定加倍努力，证明自己的价值。

3 土木名楼可养气　管毫弄纸能怡情

从管理播放室、管理机房，到管理宣传部、管理协会，胡建成在潜移默化中领悟到了不少组织管理能力，尤其是新风书法协会，他在如何吸引会员，如何留住会员上花了不少心思，颇有心得。这里没有利益的关联，更考验人的组织和管理智慧，和管理企业也是相通的，无意中为胡建成日后的发展打下了基础。

4 无鱼弹铗真困顿　有缘执手不蹉跎

住在一起的同事们谁也没有想到平时不显山不露水的胡建成竟然已经开始了地下行动，暗渡陈仓对彭珍娟发起感情攻势，等到他们牵手的真相大白于天下的时候，大家才相顾失色，竟然会是他，高富帅三个字跟他都不搭边，他是如何抱得美人归的呢？

5 四载沉潜未预算　一身慷慨不虚行

以老李的能力和资历，完全可以轻松找到待遇更高的公司和职位，项目组里很多人都想不通他为什么要待在这里忍气吞声活受罪。当时胡建成也是这么想的，然而，这个疑问等到他创立华庭的时候终于想通了。在那个时候，胡建成终于领悟了老李“对公司的热爱和忠诚”，大伙儿一起拼搏，一同前进，结下的深深感情是无法用金钱来衡量的。

6 笼中振羽欲何处　头上长天是吾乡

当一个总包预算员，面对几十个分包和供应商，虽然没有决定权，但有否决权，可以设置障碍，很多人就是利用这种权力来为己谋私，但胡建成没有这样做，他把人品放在了第一位：“我尽量做得公正，做得专业化，使我赢得了分包和供应商的尊重，这也是我以后一下子承接那么大的项目，他们对我支持的原因。”

7 经商无准非常道　创业有绳不易心

坐在剃头椅上，看到头发纷纷掉落，胡建成的心里是忐忑不安的，怕剃出来后没有脸去见同事。不过，等剃了以后，对着镜子一端详，竟然感觉不错，由于近几年身体发福，脑袋变大，天灵盖没有那么突出了，看起来还挺和谐的。而且这个寸头居然剃出了动漫的感觉，有人还夸蛮可爱的。剃头让胡建成剃出了顿悟：人生有很多的变数，只要我们有志气，一切都可以从头开始。

8 / 华章多彩开生面　庭院几重寻幽光

这是一辆1993年的日产皮卡车，已经服役15年多，尽管车子又老又旧，但在胡建成眼里却是自己的得力助手，有经验，忠心耿耿，任劳任怨，犹如自己手下的那些工长。一个人处于上升期，自然会以积极的心态看待世界，即使是一辆老得快退休的二手车，在胡建成看来，也是充满朝气的。

9 / 是非只恨太趋利　成败但求无愧心

业主和总包的忧虑，胡建成岂能不明白。对此，他心里有不平和委屈，也有不解和愤怒，上海建工多长的历史，多大规模的公司，拿我跟他们比，合理吗？但他很快平复了自己的心情，既然你们拿我和上海建工比，那我就做出成绩，让你们看看，上海建工能做到的，我也能做到，“他横任他横，明月照大江”，偏见反而点燃了他的斗志。

10 / 恩义常怀路坦荡　诚真每念心平和

王女士非常诚恳地期盼胡建成能给个机会，帮她把老公申请过来，分别的时候，她对胡建成说：“老板，我老公或许对你来说只是一名普通的员工，但对我来说是我人生的全部！求老板帮忙。”说着，她的眼眶已经湿润了，此情此景，让胡建成也是潸然泪下——就为这句话，无论如何也要把她的丈夫申请过来。

11 / 达人立己方为建　破茧成蝶始是成

“谁能想到丑陋的一个蛹，竟能变成翩翩的蝴蝶模样”，这是李敖的诗《我将归来开放》中的句子。纵观胡建成从学生时代到创业时期的奋斗历程，可以说，就是这么一个蝶变的过程，他从30年前浙江宁海山区一个放牛娃到如今一家跨国公司的掌舵人，其间几次破茧，不断地自我蜕变。

1

山中岁月从容过
水里年华自在流

胡建成的童年记忆中充满着这样的片段：摘野果，下水摸鱼，上树掏鸟，累了到飞瀑去淋个清水澡。胡建成是钓鱼的高手，每天放学后，顺道挖几条蚯蚓当鱼饵，回家戴上草帽，挎着箩筐就出门奔小溪去了。他常能得到比小伙伴更多的收获，每次至少带着半箩筐鱼回家，其超出同龄人的耐心与细心于此可见一斑。

梦里家山，童年栖居

钱塘自古繁华。在遍布强县的浙江，位于浙东沿海、宁波市最南端的宁海县经济地位相形见绌，以至于许多外省人只知有海宁而不知有宁海。但若论山水形胜，宁海可是领秀东南，风景这边独好。康熙四十二年（1704年），瓦窑头胡姓的先祖从浙中的永康一路东游，来到了宁海帽峰山东麓。这位据族谱记载曾当过县尉的先祖眼光非比常人，见这里风景秀丽，水草丰美，东有象鼻龙盘把关，南有透山溪水映照，真乃不可多得的风水宝地，遂乐不思家，欣然卜居于此。自先祖君球从永康迁居宁海瓦窑头，延至胡建成这一辈，已历十二世。

宁海山体属天台山脉，许多外省人第一次知道天台山都是源于李白《梦游天姥吟留别》中那一句“天台四万八千丈”，尽管李白不过想借此来衬托神仙聚居的天姥山，但天台山的雄伟还是让人肃然起敬，让人误以为这是一片似喜马拉雅一样的群山。其实，即使天台山本身海拔也不过1 098米，远远算不上参天拔地，至于天台余脉的宁海山体当然更逊一筹。

但宁海之山别有其高度，这种高度不在于海拔，而在于挺拔，山登绝顶我为峰，宁海的高山仰止就在于有先贤为峰。南宋末年，枢密院编修郑霖，右丞相叶梦鼎，文学家舒岳祥都是宁海人，均和奸臣贾似道同朝为官，因不愿与其同流合污，拒绝受其拉拢，因此或被杀，或归隐，宁折不弯，铁骨铮铮。史学家胡三省由宋入元后，不食周粟，不做贰臣，历三十年成《资治通鉴音注》，其慷慨之节，坚韧之志，光照史册，名垂丹青。直到抗日战争时，历史学家陈垣在沦陷区还以胡三省为榜样，发愤著书，高扬民族大义。

宁海精神的第一高峰当属中国历史上唯一被灭十族的方孝孺。方孝孺不愿为明成祖朱棣登基草诏的是非千秋，后人仍然评说未定，但其利诱不从威武不屈的气节却是亘古不变放之四海皆准的普世价值，其遭遇之暗无天日与其人格之辉煌灿烂形成了极大的对比，正是夜色愈深沉，星光越明亮。高峰要突起，必经天崩地裂般的板块碰撞，撞击力度越大，则隆起越高。方孝孺经历了中国读书人生命中所能遭遇的最惨烈的碰撞，也撞出了一个“一览众山小”的高度。

其实，宁海直到中华人民共和国成立前还归属于台州，之后才划归宁波，至今其饮食文化仍然更偏向台州，许多宁海人身上也有一种鲁迅所谓“台州人的硬气”。从上述诸位古代先贤再到近现代的潘天寿、柔石等人，清平之时能够志怀霜雪、操拟松柏，板荡之际敢于气冲星斗、怒贯长虹，正是这种“硬气”的表现。

方孝孺之弟方孝友引颈就戮前曾赋诗一首，其中有两句“华表柱头千载后，旅魂依旧到家山”，他们壁立千仞的精神气象与家乡山脉是相通的。但对家山的这种气质，当地的普通人并不会去注意，他们靠山吃山，靠水吃水，也只会“看山是山，看水是水”。按照《瓦窑头胡氏宗谱》的记载，族人们对自己生于斯长于斯的这片山地颇为自豪，全村有四千多亩山林，两百七十亩山田，“因为当时有广袤的山林资源丰富集体经济，口粮以国家返销供给，我村生活条件明显好于各地”。哪怕是困难的时期，瓦窑头村“依然凭借偏远山区的优势，照样制酒、杀猪”。

然而，就在胡建成出生的那个时期，瓦窑头村“偏远山区的优势”已经逐渐转变为劣势了。胡建成出生于一九七九年十一月初六，此时改革开放已经一年多了，敢为天下先的浙江正日新月异，外面的世界越来越精彩，山里的生活越来越无奈。童年的胡建成对家山的感情是矛盾的，他既享受山居浪漫的生活又渴望走出大山。

胡建成的家在帽峰山脚下的横金山村，这是一个隶属于瓦窑头村的小山村。横金山是“黄金山”的谐音，横金山就在村旁，又因村处青洋山东的黄狗盘，也叫黄狗盘村。胡建成小时候，村里住着十几户人家，包括沈姓、葛姓和应姓，村里有四五个“道地”，也就是院子，有十几个孩子。

山村中，大人们日出而作，日落而息，自给自足。胡建成的父亲胡家福当了七年兵，复员后分配在乡里税务所工作，后因没有居民户口，父亲只得回乡务农，每天面朝黄土背朝天，获得一份仅能糊口的菲薄收入。胡建成的外公是个裁缝匠，在他记忆中外公总是弓着背，给他制作各种玩具，胡母沈小芝继承了上一辈的“衣钵”，以手工制作粗衣为生。

除了这份主业之外，胡母还有一份重要的副业——采野茶。宁海自古产茶，乃著名茶乡，山里很多人家都以种茶为业。“清明见芽，谷雨见茶”，每年谷雨一到，就迎来了一年当中采茶的最好时节，家家户户采茶忙。胡家后面山上就是茶山和茶厂，每到采茶时节需要雇用大批人手。但是胡母并未去帮人家采茶，她要进山“淘宝”。中国人吃喝方面比较注重“天然”，认为其营养价值高，很多东西一跟“天然”挂钩就要身价翻倍。因此，胡母舍近求远，跑到深山老林中采野茶。

经过多年摸索，胡母已经在头脑中建立了一张野茶树地图，哪里有野茶树，其大小、品质都了如指掌，大大提高了采摘效率，改善了家庭经济状况。然而，收益和风险是成正比的，收益越大，风险越高，深山中遍布蛇虫猛兽，每次她进山也会让家人为之牵挂。母亲去采茶的日子，胡建成便会在村口等着她回来，等到暮色四合、灯火初明，才会看到母亲匆匆往回走的身影。当然母亲每次采野茶回来也会给胡建成带来“礼物”，到了晚上，她会给孩子们讲述自己白天在深山中的历险记，比如遇到什么大蛇或野猪之类的惊险故事，这其实是一种未经加工原汁原味的童话。

晚上，母亲还要把新摘的茶叶放到锅里杀青。由于没有机器，手工炒茶效率很低，一个熟练工一小时也只能炒出一斤茶。家里人都入睡了，母亲还在炒个不停，新鲜的茶叶经过杀青、揉捻、干燥、烘焙四道程序才能制好。然后，好的茶叶拿到集市上去卖，差的就留在家自用，所以人们常说“卖姜老婆吃姜芽”。

童年的物质生活看似贫乏，不过贫和富本身就是相对而言，富的人遇到更富的就会觉得自己穷，穷的人面对更穷的就会觉得自己富。在那个生活普遍困窘的年代，横金山村中的村民们由于人少地多，生活条件反而较山外更胜一筹，不仅口粮有保证，偶尔还能打到点野味儿打打牙祭。胡建成的伯父有一杆猎枪，时不时带枪进山弄点野兔野鸡之类，胡建成常跟着同村大孩子和猎狗一起去凑热闹，这也是他小时候最快乐的事情之一。

村民们种植的农作物，除了水稻之外，还有毛笋、南瓜、番薯、冬瓜及一些其他蔬菜，收成好坏基本看天。村里有条小溪，小溪流往山里，大山深处有座龙王庙，庙里有雷公雷婆等石像，石像后来被砸得缺胳膊少腿，但仍受到村民们的膜拜，每当干旱来临时，附近村庄的居民都会自发组织去诵经求雨。

村里出产的番薯除了用来吃之外，还有三种功用，一是磨成番薯粉做番薯面；二是煎糖淋，这也是孩子们过年时候最喜欢吃的“牛皮糖”和各种糖糕的原料；三是制成番薯酒，当地村民大多会用土法烧酿番薯白酒，喝了不上头，还美其名曰“宁海茅台”。番薯生命力顽强，对环境要求很低，却又营养丰富，可谓索取少付出多，所以东南一带广袤而贫穷的红土地上，番薯一经引进就形成燎原之势，但在鱼米之乡的江浙一带受欢迎程度就远不及闽粤了。番薯能在横金山村得到如此优待，似乎也说明了山村人性格中有一种番薯似的坚韧乐观，而番薯酒的内涵与大山深处村民们乐天安命的精神也是相契合的。

香醇，喝了又不上头的自酿番薯酒可以发酵出很多美妙的故事。山居的日子，胡建成最享受的就是夏天的傍晚，村民们吃完晚饭，两杯番薯酒下肚，带着一点微醺，搬出躺椅到弄堂里乘凉。老大爷开始忆苦思甜，老婆婆开始谈神说鬼，孩子们便成了最虔诚的听众，其乐融融。山村的业余生活颇不寂寞，甚至还有一个戏班子，唱的还是典雅的京剧，曲高和不寡，每逢红白喜事，吹拉弹唱，观者如堵，好不热闹！

农作物除了番薯，还有一种非常常见，那就是南瓜。南瓜在村里的用途主要是喂猪。南瓜丰收的季节，猪们当然是很不开心的，一天到头都在吃南瓜，食谱单调，好在猪思想比较单纯，有什么就吃什么，并没有因此对南瓜产生审美疲劳，但猪没吃伤，人看猪天天吃南瓜却看伤了，以至于胡建成后来见到南瓜就条件反射似的想起猪食来。

牧童短笛，行板如歌

穷人的孩子早当家，村子里的孩子从七八岁开始就得独立了，在家要自己做饭做家务，在外能帮父母干农活。学校也会在农忙时节放假，让孩子们回家帮忙干活，颇有以前私塾的遗风。山村的孩子都是天生的牧童，放羊与放牛是童年必修课。我们现在的孩子小学是跟长辈一起上下学的，而胡建成小学是跟家里的羊一起上下学的，他回忆道："每天上学前，飞奔在田埂上，顺带要牵着羊拴在木桩上，放学后牵回家。"

牧童不是那么好当的，不光任劳，还得任怨，偶尔没看住，牛羊吃了庄稼，回家之后大人知道了，舍不得骂牛羊——特别牛属于共有财产，几户人家合着养一头耕牛，轮流放养，这个锅还得孩子背，胡建成为此没少受委屈。但牧童的生活也不乏乐趣，胡建成放牛时，有时会骑上牛背，把牛当马，策牛而奔，即使摔下来，也乐在其中。胡建成的牧童生涯一直持续到高一暑假，他还把自己最后一次放牛的经历郑重地记在了日记中。

耕牛自古以来便是农村最重要的牲畜，牛帮人翻田耕地，维持生计，人跟牛的感情自然也非他物可比。在胡建成的家乡，经常几个兄弟同养一头牛。胡建成至今难以忘怀，一年夏天，蚊虫多，牛虱多，大伯父将农药喷在牛屁股上，帮牛消杀牛虱。没想到牛舔到自己身上的农药，结果被毒死了。他目睹大伯父用肥皂水灌入牛嘴，想救牛不得，抱牛痛哭的情景，多年后场景仍历历在目。当然，这种惨状毕竟稀有，更多的时候是哪天清晨起来，突然听说自家或者某户人家又多了一头小牛或者多了两只小羊的开心农家生活。

想成为一个有品位有追求的牧童，会吹笛是标配，“牧童归去横牛背，短笛无腔信口吹”“骑牛远远过前村，短笛横吹隔陇闻”“牧童避雨归来晚，一笛春风草满川”，不会弄笛的牧童能叫好牧童吗？胡建成对弄笛那可是相当痴迷的，从牛背一直吹到了学校，经常在学校的宿舍里举行器乐独奏，小学同学葛星兵说：“建成很喜欢吹笛子，经常在宿舍吹笛子给大家听，吹完了大家给他鼓掌。”高中同学王俊也说他“经常在夜自修前来段笛子”。

大山脚下的人家，能源主要是木材，柴米油盐，以柴为首。看一户人家的主人勤不勤快，就看这户人家门前堆放的柴把多不多，而会不会砍柴也成了评判一个小孩子长大与否的重要标准。山里的孩子到了上学的年纪，首先明白的不是薪尽火传的道理，而是续薪传火的责任。当然，砍的是“柴”而非“材”，“材”是高大的树木，而“柴”则是一些灌木和杂木。“柴”与“材”听起来很像，实则用途大相径庭，材木一般用来造屋，山中人家造屋都是就地取材的，上乘者可为栋梁，而柴木只能用来塞炉灶，山里砍柴的孩子们对于成材的理解显然远较山外的孩子深刻。

一到周末，胡建成和他的小伙伴们就要到山中“坎坎伐檀兮”了，有时候，他也会跟父亲一起去砍柴。很多山民把山路称为“砍柴路”，山上本无路，砍柴的人多了就踏出了路，这种披荆斩棘以启山林、于无路中开出新路的砍柴精神也是后来很多山村子弟闯荡天下的宝贵财富。砍下的木柴除了自家使用之外，还可以挑到城里卖，这也成了村民创收的一种手段，尽管性价比很低。有一次胡建成得了脚气，脚趾烂痒，跟着父亲走了三十多里山路到城里，先卖木柴再看病，卖柴的钱只够买半服药。

砍柴的路虽然辛苦，但是胡建成的艺术细胞却在砍柴的路上萌发了。春天一到，漫山遍野都是映山红，一朵朵，一簇簇，如火如荼开在蓝天白云下的山冈上，山民们砍柴归来，柴担上总要插几枝映山红，把青山的妩媚和生气带回家，这是原始的审美意识。胡建成后来还写了一篇《映山红》，纪念自己和父亲到毛山砍柴，摘了几枝映山红回家养的事情，文中说：“我是山的孩子，我爱山里的一切，更爱山里的野花。”

春天的山上除了惹人注目的映山红外，还有在人迹罕至处默默开放的兰花，当地的人们称之为兰香花。映山红之美很难视而不见，而兰花的超凡脱俗却要等到胡建成上了初中以后才能领悟。后来他在新华书店买了一本《墨兰画谱》，每天“夕阳西照、黄昏降临时”，就坐在自家的小屋里，临摹兰谱。按照发小葛星兵的说法，他们几个小伙伴尽管学习成绩参差不齐，但在画画方面却都有比较高的悟性，画个花画个鸟都像模像样，这大概得益于山中耳濡目染的艺术启蒙。

山村里童年被放养的野趣对城市里圈养的小伙伴们来说是一种奢求，很多城里的孩子只能从《故乡》中的只言片语去捕捉这种生活。生于中国经济大变革时代的胡建成那时还没有意识到，自己正在享受着农耕文明最后的浪漫，后来有人甚至用“消逝的童年”来缅怀它。

胡建成的童年记忆中充满着这样的片段：摘野果，下水摸鱼，上树掏鸟，累了到飞瀑去淋个清水澡。胡建成是钓鱼的高手，每天放学后，顺道挖几条蚯蚓当鱼饵，回家戴上草帽，挎着箩筐就出门奔小溪去了。他常能得到比小伙伴更多的收获，每次至少带着半箩筐鱼回家，其超出同龄人的耐心与细心可见一斑。

自然的馈赠如果配以出奇或冒险的调料，往往能烹制出经得起时间考验的味道。据葛星兵回忆，有一次，几个小伙伴去放牛，突然看到山下农田中有只动物躺在地里挣扎，像羊似乎又不是羊。当时天色昏暗，小伙伴们从远处看不清楚，以为是“大老虎”，吓得不敢靠近，忙跑回家告诉各自的父母，大人们对所谓的“大老虎”嗤之以鼻，只有大孩子对此很感兴趣，在葛星兵的小叔叔带领下，大家重回现场，发现是一只野生黄麂，它伤得很重，气息奄奄。大伙儿把黄麂抬回家，宰杀烹煮后几个人一起分着吃了。或许是那时比较穷馋肉吃，或许这是孩子们自己的收获，那顿肉味之鲜美让大家许多年后仍然难以忘怀，就像鲁迅《社戏》里说的，再也没有吃过看社戏那夜似的罗汉豆了。

胡建成还有自己的看家游戏，一个人跑到后面山上的竹林里，找根竹子，双腿绞住竹子往上蹭，爬到竹子的上面，然后双手抓住竹梢，放开脚让身体吊下来。这时，他的全身悬空，处于放松状态，可以静静地聆听自然。他就这样听了早春的鸟鸣，盛夏的蝉唱，深秋的虫吟，在天籁中成长。上学后，胡建成还喜欢爬上大树，躺在枝丫间，把脚放在比头还高的树枝上，看起书来。有时看得入神，一不小心还会从树上掉下来，不过也是有惊无险，树下铺的厚厚的树叶和野草是天然的“防护气垫”。

胡家屋后便是一排排、一行行的茶树，随着山势起伏，犹如海上波涛。大人看待这些茶树的眼光是功利的，他们会想着以后可以获得多少收入。而对孩子们来说，一棱一棱的茶叶树却是天然的乐园，胡建成和小伙伴们常常在里面捉迷藏、打闹嬉戏，这时的茶树就仿佛北方的青纱帐。

家门口的帽峰山因峰顶形如帽子而得名，这顶帽子就像魔术师的帽子一样，一年四季变着戏法，给胡建成的童年带来了许多惊喜。2006年，胡建成从新加坡回家探亲，再登帽峰山，写下了一篇《似是故人来》的文章聊以纪念。其中提到，春暖花开之季，帽峰山上漫山遍野开满了各色的喇叭花，一朵胜似一朵，儿时的胡建成“总是雀跃着采那红得艳丽的一色，从这山头奔到那山头，欢跃心情清晰地挂在脸上”；暮春夏初之时，山上长满了一种好吃的倒挂野果，周六的午后，胡建成便和小伙伴们相约上山采野果，“要是在一棵树上发现这种野生莓果时，便会急速地奔去，也不管是否会被荆棘划了脚丫。摘了野果却舍不得吃，带回家放在盆子里，洗净手之后，慢慢地品味”；秋日灿烂的时候，红柿子似盏盏灯笼挂满枝头，惹得胡建成每每“按捺不住心头的欲望，悄悄地上山，偷摘几只，藏于衣襟，而后飞也似的跑下山”；到了深秋，“松树便会落下大堆松毛，踩在上面软绵绵的，似走在了地毯上。这松毛是以前起灶头火的最好原料，我便常常去卷回家……”

帽峰山又名妙峰山，“妙”显然是“帽”的音讹，但讹得很妙，“帽”只有形，“妙”却有了情，相看两不厌，不亦妙哉！胡建成书法作品署名便是“妙峰山人”，可见，身已远，心未动。

小学生涯，发蒙启蔽

天性爱文艺的胡建成并不乐意像父辈一样成天干农活，在他看来这样的日子“既无聊也无奈”。那时和胡建成同住一个大院的沈爷爷家里藏有各种经书、手抄本，沈爷爷每日研墨抄经，参佛研学，还经常被推崇为头领，组织诵经。小时候，胡建成的世界中最有学问的人就是这位沈爷爷，他对沈爷爷非常崇拜，期待自己有一天也能像沈爷爷那样有学问。

宁海人自古以来耕读成风，人文荟萃，历代书院、义塾之多高出邻县。宁海地貌都是丘陵地带，山路阻塞且崎岖不平，在这种交通不畅的环境下要与外界文化接轨尤其困难，没想到在这块贫瘠的土地上却走出了胡三省、方孝孺这样一批鸿儒，足见当地学风之盛和求学之矢志不移。县内文化积淀深厚的古村落随处可见，前童、黄坛、长街、西岙……这些古村落不仅风景优美，更有历代文人题咏，真正的如诗如画，这也是农耕文明为人们留下的最大遗产。

大山中的瓦窑头村尽管不像那些传统的古村落凭借强大的宗族势力

占据文化上游，但尊师重教也是不落人后，而且父辈常常现身说法，教育子女不好好读书就得像自己一样，一辈子困在田间地头，这种“现实教育”效果非常好。在那个大学生还称得上“天之骄子”，还没有像今天一样“通货膨胀”的时代，瓦窑头村胡姓就出了不少大学生，其中不乏名牌大学的，早在胡建成的父辈中就有人考上了清华大学。

村小学设在离胡建成家一里之外的瓦窑头村，说是学校，其实只有两间瓦房，学校只有两位民办教师，但在渴望上学的胡建成眼里，这里就是“求学圣地”。遗憾的是，好不容易挨到上学年纪，他却依然无书可读。农村上学按虚岁算，7岁的时候就可以上学，但由于胡建成生在冬天，加上长得小，被学校拒之门外。到了他8岁的时候，因村里适龄儿童太少，村小学当年便没有招生，隔一年才招，以至于胡建成虚岁9岁才上学，那一年是1987年。

第一天上学前的那个晚上，母亲告诉胡建成说：“明天我六点起床烧水做饭给你吃，你也得六点起床，去门前的树下念书，然后吃饭上学。”为了培养胡建成，母亲可以说是用心良苦。村里有不少怠惰的家长，只是将钱塞给孩子，让孩子自己去买豆浆油条充饥，但胡建成的母亲却始终坚持跟儿子一起早起，为他做饭，监督他读书。这个习惯也激励了胡建成，让他的成绩名列前茅。

胡建成在瓦窑头村读小学的时候，整个小学共有四个年级，然而教室始终还是两间，以至于两个年级只好共用一个教室，成了现在学生听起来匪夷所思的混合班。上半节课一个年级的学生听课，另一个年级自习或者做作业，下半节课则反之。这样看似一年级的学生另外半节课可以提前学二年级的课，而二年级的学生另外半节课可以复习一年级的知识，实则相互干扰，节奏大乱，教学效果极差。

因为学校里的老师上课都是用当地方言，所以胡建成落下了普通话不标准的“后遗症”。不过宁海方言对数学教学并没有多大影响，学校曾经组织尖子生参加乡里的珠算比赛，学生们的总成绩名列乡里前茅。当时带领学生们取得珠算比赛好成绩的是同村的胡海强老师，据胡老师回忆，胡建成那个时候已经养成了很好的学习习惯，每次上课前都能自觉地做好预习，因此老师讲的知识一点就通，根本用不着操心。胡海强是民办教师，年轻有活力，给学校带来了新的气象，他来了以后带领学生们举行了学校有史以来的第一次升旗仪式，胡建成还被选为大队长。

以前的小学老师都是一专多能，学校仅有的两位老师偶尔也会开个音乐、体育课。音乐课是学唱红歌，这可能也是老师懂得的唯一音乐，胡建成印象最深刻的是一首叫《大海航行靠舵手》的歌曲，大概这是老师最拿手的曲目，曾经在班级里单曲循环。这段唱歌的经历是胡建成受到的最早的爱国主义教育。

体育课学扔“手榴弹”。那个年代小学体育课扔“手榴弹”还是很流行的，而且不仅仅限于乡村小学，只不过城市的学校里用的“手榴弹”可能高级一点，木柄上边是包铁的，乡村用不起这么高档的产品，往往用石头代替包铁。现在出于“安全第一”的目的，都已经改成扔铅球或者实心球了。山村里出来的孩子一般体育方面都比较出色，不管是跑、跳还是投，但胡建成从小偏文艺，好静不好动，对体育运动就不是那么热心了。

偶尔，学校也会组织学生参加一些兴趣活动或者比赛。有一次，乡里学校组织片区各校参加植物标本展示活动，瓦窑头村小热情响应，但对村小的老师们来说“标本”还只存在于传说中，见都没见过，只知道是树叶做的，于是号召学生们上山采摘。这个可是山里学生拿手的，人人都可以胜任，且无须任何成本。老师一发动，同学们立即兴冲冲地跑到山里，动手采摘，叶子连着树茎一起摘下来。胡建成和另外一个同学用麻袋抬着一袋树叶，走了二十多里山路到乡里学校，才发现所谓的“标本”应该是用纸页夹着叶子，一片一片的，只好将辛苦采摘的叶子统统扔到垃圾堆里了。

由于学校条件实在简陋，村小上课是没有铃声，只有哨声。老师的哨子一吹，同学们就得赶紧进教室坐好。如果迟到了，很有可能吃一顿“竹笋炒肉”——山里竹子多，老师手里每人手握一根竹龙根，也就是毛竹的根，用来当戒尺。那个年代，老师和家长也普遍信奉不打不成材的理念。所以哨声就是命令，当年在山村里受教育出来的孩子对“吹哨人”都是非常尊重的，对哨子也是非常向往的。

村里的小伙伴们都是结伴一起上下学，在发小们的记忆中，胡建成从小就很有礼貌，每次在路上碰到长辈都会打招呼，叔叔阿姨阿公阿婆的老远就叫起来了。

读完小学四年级的时候，胡建成见证了自己的第一个母校完成历史使命。胡建成和同龄人是第一批计划生育政策下出生的孩子，之后适龄入学儿童逐渐减少，那时国内到处都在撤校并校。胡建成读完四年级后，山水乡属下的所有村小的五年级都被合并到乡里，包括瓦窑头小学。升入五年级的学生全部划归乡里的山水小学，其他年级则逐步撤销合并，直到1996年完全撤校。

到了山水小学，学生多了，老师也多了，教学质量更远胜于瓦窑头村小，最关键的是，再也不用像以前一样混合上课了。唯一的缺点是离家实在太远了，横金山村在帽峰山之东，山水小学在帽峰山之北，从横金山村到山水小学要转山，走近三十里的山路，来回相当于大半个马拉松。像以前一样走读是不现实了，小学的最后一年胡建成过的是寄宿生活，每星期只能回家一次。上学时，几个同学背着书包挑着米和菜在山路上跋涉几个小时才能到山水小学。不过孩子们都不以为苦，一路上蹦蹦跳跳，边走边玩，十分开心。

每周一起长途跋涉上学和回家，让胡建成和村里的小伙伴们感情更加深厚了。可惜的是，五年级下半学期，胡家搬到了梅林镇下应村，每个周六中午放学的时候，胡建成不再和小伙伴们一起回瓦窑头村，而是等哥哥胡孝程下课，然后一起骑着自行车回下应村。有一天，胡建成特别想念瓦窑头村的小伙伴，那天正好下课早，他就把平时装米的袋子放在哥哥的床上，自己却和村里的小朋友们回到了瓦窑头村。

结果当胡孝程回到家，父母发现他没有带弟弟回来时，把他一顿痛骂，问他怎么把弟弟弄丢了。原来胡孝程看见床上的米袋，以为弟弟自己先回家了，也就没有在意。那一夜，胡建成的父母沿着平时兄弟俩回家的路一路找寻，担心孩子被人拐走，不知洒了多少伤心之泪，直到找到瓦窑头村，看见睡梦中的儿子，才如释重负。那时候胡建成还觉得父母大惊小怪，吵醒自己，而今再次想起，明白亲恩之重，已是泪湿眼眶。

乡里小学并没有真正的食堂，但有让学生蒸饭的土灶，放个木头做的高高的桶。学生们提前把米放在自己带去的铝饭盒里，里面放上水，再一起放到桶里面去蒸。饭点一到，把蒸熟的饭从桶里拿出来，就着自己带去的咸菜、腌笋、臭冬瓜、豆瓣酱吃。这种铝饭盒乃一个时代的特色，那个年代的寄宿生普遍都是用过铝饭盒的。饭盒上刻着自己的名字，这也是很多人一生中第一次拥有一件有署名权的器物。放学的时候冲出教室直奔食堂去取饭盒是一天中最快乐的时光，有时到了食堂之后发现饭盒被人偷走了或者盒里的肉、蛋被人挖走了，那种悲愤很久都难以抹去。那时各地校园内铝饭盒失窃的事件每天不知发生多少起，好在胡建成并没有类似的遭遇。

那时候，山村的小学住宿条件是非常差的，所谓的宿舍往往就是废弃的教室改造的，一间教室可以塞进二三十个寄宿生，密度非常高，一张床分上下铺，每个铺位睡两个人是常态。宿舍的卫生条件惨不忍睹，老鼠、蟑螂、臭虫出没，长疥疮是普遍现象。不过久而久之也就形成了免疫力，身体变得五毒不侵，后来胡建成初到新加坡住集装箱，他能够抵抗脏乱差的环境，不能不感谢从小寄宿的“磨炼”。每个同学从家里背一个木箱到宿舍，用来装衣服和其他生活用品，胡建成也不例外。家里条件不好，胡建成平时穿的用的很少。但上山水小学的时候，父亲特意用自家的杉树木，叫同村的木匠师傅新做了一个木箱，漆成红色，很是喜气。这让胡建成十分珍视，后来这只箱子一直用到了高中，陪伴他一路成长，虽然箱上已经有蛀虫痕迹，但他依然爱不释手，至今还像文物一样保存在老家。

转入山水小学，还使胡建成有了一个重要的收获——他开始了自己的书法生涯。在山水小学五年级，下午有半个小时的毛笔写字课，在班主任兼语文老师葛江琴的引领下，胡建成很快爱上了书法，从柳体楷书开始练起，逐渐步入正道。另外一个让胡建成热衷书法的原因是课余生活的无聊，那时小学的作业还没有像今天这样多得让孩子们喘不过气来，寄宿的日子，无电视可看，无收音机可听，其他同学一有空儿就去野地里撒欢，但胡建成对跑跑跳跳并没有那么大的热情，书法可以寓动于静，想写好字必须凝神静气，不知不觉时间就过去了。再加上书法的花费不高，只需要一根毛笔一瓶墨水就可以，有时纸也是用报纸、作业纸代替，所以胡建成可以心无旁骛地学下去。

胡建成从小在文艺方面的悟性确实是超出一般同学的，再加上他比较勤奋，课余时间一有空就在练字，因此写字的水平很快就在同学当中脱颖而出了。

坎坷寻路，走出大山

胡建成小学毕业那年，正是中国从计划经济转向市场经济的重要时刻，江浙沿海一带乡镇企业遍地开花。这股春风也吹进了大山里的胡家，之后又把他们家吹出了大山。

胡父曾经在山水乡的税务所当过一段时间的收税员，虽然铁饭碗没能一直捧下去，但因为工作关系认识了一些个体户老板。胡父当时怎么也不会想到自己会因为这样一点小小的因缘走出大山，人生的走向有时就像一场“蝴蝶效应”，前面一个小小的铺垫往往会造成后面重大的改变。

胡父认识的个体户老板当中，有一个名叫应三富的人。应三富在梅林镇下应村开了一个橡胶厂，他想起了自己的这位老相识，便邀请胡家夫妻俩一起来自己的厂里打工。接到这个邀请时，胡家人心里最初是满心犹豫的，山里人没见过世面，只会干农活，突然间要弃农务工有点无所适从。何况土地是没办法像人一样流动的，人走了，地怎么办？作为农民的儿子，胡建成对农民与土地的感情之体会自然也是远远深于城里的孩子的，他日记里有一篇《在秋天的田野里》，讲述了自己和父亲有一次在地里比赛割稻的场景，并由此理解了农民在春耕秋收中与土地结下的深厚感情。

怀着这样的顾虑，胡家并没有马上全家总动员搬往梅林，而是由胡母做了开路先锋，先到下应村居住并工作一段时间，打探一下情形再做下一步打算。应三富提供的一整套保障让胡家人放下了心：村里有旧楼房可以让胡家免费居住，应家开了厂，自家的田地撂了荒，便给了胡家耕种，这样既当了工人，也没有废弃农民的身份，进可攻退可守，况且打工的收入远远高于种田，家里的生活条件一下子改善了，何乐而不为呢？

就这样，胡建成结束了自己的山居岁月，离开了生养自己的大山。但大山深处，始终是胡建成永远的精神故乡，他在应家乡刊物《乡土宁海》之邀所写的《我的家乡在横金山》中说："之后的岁月里，我北上求学，南下经商，背井离乡在外漂泊闯荡几十年。但我总忘不了那个地方，每当有机遇回宁海时，必定回老家横金山去看看，虽然老屋已废，只余残垣断壁，但总会驻足，回望那一片生我养我的故土。在那儿，总会想起儿时的欢乐时光，感叹时光荏苒，岁月无情。"

正是在下应村，胡建成拜师学艺，学会了吹笛子。父亲打工的厂里面，藏着一位多才多艺的民间高手，他就是应三富的叔叔应华宽，胡建成称他为"老板叔叔"。应华宽在厂里面负责机械维修，兼管一些办公杂务，业余爱好吹笛子和拉二胡，其"艺术人生"引起了胡建成的兴趣，他也看出了胡建成有艺术细胞，于是不吝传授。如果说转校让胡建成开启了书法生涯，那么搬家则让他开启了器乐生涯。

随着城市化的推进，村里的年轻人纷纷外出打工，家里的孩子也随着父母到外面读书，再加上村小撤销后，孩子们的上学成了难题，这也迫使一些村民举家外迁，或者主动，或者被动。横金山村的住户陆续外迁，山里的人气逐渐消散，现在只剩下三家“钉子户”还执着地与大山为伴。瓦窑头村倒还稀稀落落有一些人住着，但也是老人居多。

自古以来，宁海人安土重迁的情结都是深入人心的，南宋宁海名士储国秀在其《宁海县赋》中称：“当地尚清修而立门户，轻进取而安里廛。”不愿意离家的思想甚至降低了本地人求取功名之心，南宋宁海诗人胡融《风土志》载：“古多秀民，隋唐以来，士不以功名为念。”即使那些功成名就的，当中也多隐逸之士，从游子归来做山人者络绎不绝，是故清光绪《宁海县志》总结道：“习俗恋家乡，畏远行。”如今，从一个小小的横金山村的变化就可以看出，中国经济正在经历着前所未有的大变局。

渐渐沉寂的瓦窑头村再次引起人们关注是在2009年12月22日，国内第一条国家级登山健身步道竣工仪式就是在瓦窑头村举行的。之后，宁海国家登山健身步道线路不断拓展延伸，越建越长，总长度超过250千米，由主线路、辅线路和若干支线路组成，覆盖宁海所有的乡镇街道、90%以上的行政村，把整个宁海县连成了一个大景区，处处成景，满眼风光。这条规模浩大的健身步道建成后，宁海打麻将、斗地主的人一下子少了很多，没事都跑步去了，可以说，宁海人“在路上”的比例是领先于全国的。路好走了，宁海的发展也日新月异，现在宁海是全国百强县之一，进入新世纪以来，一年一个样，三年大变样。

路存在的意义在于让人从一头到达另外一头，但是如果路太好走了，很容易使人只注意结果而忽略过程，也就是路本身。所以，山里人对“路”的概念理解之深刻，比山外的人是有先天优势的。胡建成高中时的一本日记集就以“山路”为名，在里面一篇《路》中，他记录了自己当年在山路上跋涉的艰辛。横金山村的村民每逢三六九的日子就要到茶院乡赶集，通往茶院乡是一条崎岖狭窄的山路，这条山路是以前老辈人用一颗一颗鹅卵石铺成的。山下曾经有个石孔桥，用石头堆砌而成，非常漂亮，据说第一座桥建在上游，在很多年前被冲垮，后来才在现在的地址重建石孔桥，目前该桥依然存在，精美绝伦。途中要经过一个叫许家山村的地方，它是宁波现有建筑群规模最大、保存最完整的石头古村，南宋末年叶梦鼎的后裔叶大卿父子自东仓避乱在此定居，至今已有700多年历史。以前这里在人们眼里不过是荒山野岭，清代宁海诗人徐镛在《过许家山》一诗中有“豺狼蹲坦道，僻径绕寒山”之句，可见其荒凉。没想到现在凭借富有特色的石头房子变成了远近闻名的旅游景点，更有人将此地比之为远离喧嚣的世外桃源，世事转变，令人常生感慨。

乡民到茶院乡赶集，其中一段经过亦长坪村的路只有一丈长的地方是平坦的，其余地方全都为悬崖峭壁，人们干脆称其“一丈平”，即使是常年行走山路的村民从此路过也要“以手拊膺坐长叹”。胡建成小时候在父亲带领下过亦长坪岭时更是累得四肢并用，连走带爬。行路难，多歧路，小时胡建成最希望的就是家乡有一条好走的路通往外面，在乡里读书时他最羡慕的是那些周末可以坐车回家的同学，因此当20世纪90年代初，家乡新路开通的消息传来后，胡建成和父亲都流下了激动的泪水。

2004年，胡建成到了新加坡。新加坡一般出门就是路，四通八达，但是刚去新加坡的前几年也正是胡建成最想念故乡山路的时候。2006年底，胡建成读到浙江诗人江一郎的《故乡的路》，触发了内心强烈的共鸣，还写下了一篇同题的日记。这个时期的胡建成，也最需要用前人开山辟路的精神来激励自己。

只有曾经走遍坎坷崎岖的道路，才不会再害怕险途，也才会珍惜眼前的坦途。在阴晴不定的新加坡，走过山路的人更容易走出风雨，“回首向来萧瑟处，也无风雨也无晴”。

事实上，从古至今宁海这个城市跟“路”都有一种不解之缘。宁海位于象山港和三门湾之间，天台山和四明山山脉的交汇之处，地处山陬海隅，壅塞封闭，自古就有行路的文化和开路的精神。

自魏晋以来，诗人们当起“驴友”，到处漫游，由此中国的山水诗和山水画也迎来了一个全盛的时期。浙东山水也从魏晋时期起成了国人山水游中赫赫有名的精品路线，一路从魏晋风流走进盛唐气象。

到了唐代，包括李白、杜甫在内的三百多位诗人都亲历了浙东山水游，共同打造了一条“唐诗之路”。沿着王羲之写下《兰亭集序》的会稽山，王子猷雪夜访戴走过的剡溪，再经嵊州、新昌、奉化、宁海，到达终点天台山。诗人们经由宁海登上天台山，因此，宁海也成了他们浙东山水游的目的城市。李白《上安州裴长史书》中说其“仗剑去国，辞亲远游，南穷苍梧，东涉溟海”，这里的溟海就是台岳宁海地区之海域，也是二十几岁的青年李白当年出川时遨游天下的两大目的地之一。

到了明代，中国背包客第一人徐霞客却反其道而行之，1613年，他选择了宁海作为出行打卡的第一站，开始了自己的职业旅行家生涯。徐霞客少年时，就把李白当成了自己的偶像，立下了“丈夫当朝碧海而暮苍梧”之大志，只不过他把李白的终点站变成了自己的始发站。“癸丑之三月晦，自宁海出西门，云散日朗，人意山光，俱有喜态。”这是《徐霞客游记》的开篇，短短的24个字，把宁海绑定在了这部奇书的冠冕之上。如今，全长50千米的“徐霞客古道”已经成为宁海一张闪亮的城市名片。

在中国人的出游史上，宁海就是这么一个神奇的地方，可以出发，亦可以抵达。2011年，在《中国国家地理》推出的“生活在别处——30个最美栖居地”评选中，宁海荣获“中国最美动感栖居地”称号。这是一个非常有意思的称号，静以栖居，而宁海的风景却要动起来才能感受得淋漓尽致，“山阴道上，目不暇接”，固然是在观景，但何尝不是一种人生哲学？对于一个土生土长的宁海人来说，这种动感又多了一层意蕴，可以出走，亦可以归去来，或许身为游子，才能真正理解故乡的山水大美。

2

轻狂不负因年少 慷慨常随缘志高

梅林中学的应校长一见应发明亲自登门，脸色和之前比顿时有了明显的差异，一下子平易近人了。这一幕看似波澜不惊，在胡建成心里却已经是激流翻滚，他暗自下定决心，日后一定加倍努力，证明自己的价值。

转学梅林，人生新篇

1992年，胡建成从山水小学毕业，虽然他学习方面在班里一直都是种子选手，不过乡下小学高度有限，墙角的花开在角落里固然很香，拿到外面去或许就不是那么香了。初考时，胡建成没有成功从山水乡突围，而是原地踏步，上了山水中学。眼看班上的一些好同学，有的上了桥头胡区中学，有的上了梅林镇中学，而自己却依旧原地踏步，胡建成心里第一次感觉到了失落。

到了山水中学，胡建成还是班里的佼佼者，年段只有一个班，全班第一也就是全校第一。但参照初考时的情况，他自己也明白，这个全校第一实在没有什么含金量，乡下的中学不要说跟县城比，就是跟镇上比也是先天不足。矮个子里面挑高个儿，再高也是矮子。有事实为证，当时山水中学的学生在中考时还没有一个人能成功考上既是县里最好的高中也是浙江省重点中学的宁海中学。

胡建成没有想到，学校里竟然有一个从未教过自己的老师也在暗暗为他着急，这个人就是杭州师范大学毕业的王素云老师。胡家兄弟两个，胡建成读初一的时候，哥哥胡孝程正在王素云老师的班上读初三。由于整个学校只有几个班级，且都集中在一栋楼，师生之间即使素昧平生也能混个脸熟。山水中学好苗子不多，仅有的几个闪光点自然更容易引起老师们的关注。那时的老师尽管收入低微，但对教育的热情却不亚于今天。山水中学虽然僻居乡下，照样不乏热心而又无私的老师。

有一天，王素云找胡孝程聊天，强烈建议他想办法把弟弟转到更好的梅林中学去。在山水中学，哪怕胡建成考到全校第一，日后想上宁海中学的可能性也微乎其微。最关键的是，在这里优秀的学生很难找到可以与自己匹敌的竞争者，没有竞争便不能相互激发、共同进步。再者，同学成绩普遍不高，老师的教学肯定也是随大流，即使有出色的学生，久而久之也被同化了。

王老师的这一番话说进胡孝程的心里了，他心中盘算，弟弟在山水中学读得再好，顶多也就是考个桥头胡高中，将来要上个好大学难于上青天。如果转到梅林中学，以弟弟的资质，拼一下说不定还有机会上宁海中学。

这是胡孝程第一次知道还有转学这档子事，山里出来的孩子看待世界都比较简单化，一直觉得考到哪里就在哪里读，天经地义，怎能想到在哪里读书也是可以操作的。这件事给了他很大的震撼。回家之后，胡孝程把这件事告诉了父母，父母一听也觉得很有道理，梅林中学不仅明显好于山水中学，而且离他们居住的下应村还近，就两三千米路，回家也方便。但农民的思想都是偏于保守的，二老对此未免犹豫，只是胡孝程的态度相当坚决，才促使了家人的闪电行动。

中小学生转学的条件一般要父母工作调动或者家里户籍变动，胡家这两方面都没有，胡父也不懂，很天真地跑到学校，以为找校长签一个意见就可以了。胡父先到山水中学找到顾校长，顾校长并没有告诉胡父转学需要符合什么条件，而是把皮球踢给了梅林中学的校长，说梅林镇管山水乡，梅林中学是山水中学的上级，只要对方同意了，自己肯定不会阻拦；于是胡父又跑到梅林中学，梅林中学的应校长又把皮球踢了回来，说转学首先要转出校同意，你得先拿到山水中学同意转校的证明，我才可以接收你。两个人实际上是绕着胡父打太极，推来又推去，害得胡父在两个学校之间折返跑了一个礼拜，却一点进展也没有。

胡父很无奈，想来想去，只有去找自己的老板应三富帮忙，这是他唯一能想到的社会关系。应三富听说了之后也很为难，他跟梅林中学校长向来并无来往，有心无力。不过应三富想到了一个朋友或许能够帮上忙，那就是村里的书记应发明。应发明跟应三富同村，关系比较近，一听说这事儿，马上爽快地答应了。

这天，应三富和应发明说完这件事之后，应发明就骑着一辆摩托车直奔梅林中学。那年头，有一辆摩托车比现在有一辆汽车还风光。胡父背着一个小破书包，忐忑不安地跟着他到了学校。在应发明的帮助下，胡建成顺利插班进入了梅林中学就读。只是在事情办妥之后，胡建成听到从应校长嘴里蹦出来一句很刺耳的话："这个学生成绩中等，学校多他一个少他一个影响不大。"这句话深深地刺激到了胡建成，这也是他"天生我材必有用"思想的开端，懵懂中开始立志让他人知道有我没我是不一样的。

当年胡建成性格还比较内向和腼腆，到了一个新的地方，人生地不熟，除了上学外，成天窝在家里不出门，办转学那天他在门外等，应发明打了个招呼就先走了。因此，对于自己的这位"恩公"还只知其人未见其面。直到高一的暑假，胡建成和邻居小林散步到了应发明新建的油漆厂，才与其邂逅。应发明一眼就认出了胡建成，村子里能考上宁海中学的没有几个，而且又是自己帮过忙的，更容易认得。事实上，应发明一直以来都关注着胡建成的学业，每次期中考期末考都会打听其成绩如何。当时很多像应发明这样的人都有心系教育的情怀，可以看出当地的古风未泯。

这一次见面，应发明问了许多有关胡建成的学习情况，临走时他谆谆教导胡建成："要努力，为你爸争口气！"胡建成听了之后"暗自握了握拳头"。其实，时间倒流回三年前，那次转学事件不仅是胡建成求学生涯的一个重要转折点，也是他人生观的一个重要转折点。之前，胡建成和家人从来没觉得学校也是可以"转"的，未曾想自己家境这么普通也可以做到。从此，穷则变，穷亦可变的思想就深深地植入胡建成的内心。

山水中学短暂的一个多学期中，给胡建成留下最深印象的是地理老师葛分君。葛老师只是个代课老师，却非常有责任心，每次考完试，她总是第一个批改胡建成的试卷，改完再把胡建成叫过去，整张卷子单独给他讲一遍。有时候她也会让胡建成帮自己批改其他同学的卷子，简直把他当成了自己的助理。即使这样，葛老师也没有放松对胡建成的要求。有一次，看到胡建成边听地理课边做数学题目，葛老师当着全班同学的面没收了他的作业本，胡建成心里很生气，也很不服气，想："中考又不考地理，况且你讲的这些我都看了。"课后葛老师把胡建成叫到办公室，语重心长地说了一番专心致志比完成作业更重要的道理，让胡建成理解了读书重在态度。他感叹说："生活中的她，像大姐姐那样关心我，使我感到这世上到处充满了爱，我必用真心去报答这个世界，她在我幼小的心灵中播种了热爱生活的种子。"可以说，一个人求学过程中遇到富有爱心的老师，是更容易养成这种感恩的品质的。

初一的胡建成还是一个懵懂的少年，他刚刚走出生活了十二年的大山。在大山深处，时光走得非常缓慢，以至于他以为世界上的许多东西都是不会变的。但少年胡建成正处于一个时代的大变局当中，他慢慢发现，世界不仅会变，而且变得太快，也许几年之间就可以恍如隔世，“到乡翻似烂柯人”，似乎一走出大山，时间的节奏就突然加快了。

不平则鸣，奋发图强

初一下半学期，胡建成由山水中学转到梅林中学初一（1）班。按照插班生的常例，他被安排在最后一排坐。同桌家里开了个花圈店，家境不错，但脑袋不是很灵活，反应也有些迟钝，在其他同学眼里，似乎胡建成也跟他是一类的，对其避而远之，他们眼神中流露出的那种轻视和嘲讽让胡建成觉得非常扎心。班里很多同学都是小学的时候就认识了，在一起玩得很开心，胡建成比较腼腆，没有与大家打成一片的能力，家庭条件又不好，更增添了几分自卑，听到他们的嬉戏和笑声，有一种朱自清《荷塘月色》中"热闹是他们的，我什么也没有"的荒凉。

最让胡建成难过的是，自己原本在山水中学是年段的一号种子，光环绕身，可是到了梅林中学，由于转校的缘故，大家都不认识他，对他视而不见，心里不免落寞。在山水中学，胡建成是老师眼中的骄子，他的离开对学校意味着升学率的降低。因此在转学的时候，学校一度不愿意放行，胡建成甚至曾为此"罢学"，整整一个星期没有上学，才得以成功转学。可是到了梅林中学，这里有五个班，两三百名学生，成绩平平者多一个少一个，谁都不会在意，那么自己存在的价值在哪里呢？家里花了这么大的力气把自己转到这所学校的意义又何在呢？胡建成坐在最后一排，常常连黑板上的字都看不太清楚，而且这里的老师讲课节奏有别于山水中学，导致他刚开始学习时有点脱节，成绩上不去，心里十分苦恼，又听山水小学上来的同学也在议论这个班不怎么好，心里就更难过了。

那时坐在胡建成前面的是一个叫陈建红的女生，与胡建成初来乍到的黯淡相反，陈建红一直都是老师和同学眼中的焦点，是学校的“校花”，在校内回头率很高。胡建成记忆中的她“扎着长长的两个麻花辫子，水灵灵的眼睛，苗条的身材，白嫩的皮肤，笑起来还有两个可爱的酒窝，穿着簇新美丽的衣服，感觉她家里条件不错”，镇上的照相馆门口放着她的照片作为样本，每次路过，同学们都要停下来看一看。

陈建红不仅人长得漂亮，成绩还一流，每次统考总能排到年级前十名，因此被选为班长，有能力，有气场。胡建成和她一对比，有点丑小鸭见了白天鹅的惭愧，虽然两人就在咫尺之间，他却觉得自己和她的心理距离相隔天涯，也尽量不去招惹她。然而，有一次两人却正面杠上了。

开学不久，到了交作业的时候。胡建成突然发现自己忘记带作业本了，心里不知所措，急得直冒汗。他急中生智，想出一个办法：不妨拿另外一本作业本交上，如果老师问起，就说自己不小心交错了，中午就可以回家拿。正想着，陈建红过来收作业本了，胡建成依计而行。正当他为自己的妙招得意时，陈建红却冷不丁折了回来，一把将本子扔过来，柳眉倒竖，怒斥：“你的作业怎么已经改好了？”原来陈建红比较负责任，作业交上去前还要自己检查一遍，及时发现了这个破绽。胡建成现出原形，羞愧得无地自容，又害怕陈建红报告老师，提心吊胆了好一阵子。虽然事情平稳过渡，然而胡建成心里的阴影面积却更加大了，小把戏被当场揭穿，更觉得抬不起头。

一波未平一波又起。体育课上，老师搞了个“击鼓传花”游戏，鼓声停的时候，明明中彩的是一个绰号“大胖”的女生，可她偏偏不认账，恶作剧般地把“花”抛给了胡建成，明摆着欺负乡下来的老实人。同学们跟着瞎起哄，老师也没有仔细辨别，催着胡建成表演节目。胡建成心里气得要命，又无可奈何，只得拿了一本歌曲本走上前去，用歌曲本挡住了整个面孔，以示抗议，然后高声唱了起来，想不到，这一唱竟得到了老师的夸奖。

接连发生的两件事让胡建成深受刺激，开学初的那段时间他在班里感受到的不是温暖，而是深深的寂寞。一个夜里，胡建成独自坐在窗前，望着浩渺的星空，进入新班级以来不顺心的一幕幕如电影镜头般在他眼前播放，他发出了这样的感叹：“既然你们都瞧我像个‘傻瓜’，我就让你们瞧瞧我的厉害；既然我的成绩只在中档水平，那我就让你们瞧瞧高水平的我！”“多一个少一个没啥影响”，胡建成又回想起转校时应校长那句看似漫不经心却刺入自己内心的话来，既然从校长到同学都对自己充满了傲慢与偏见，那我就用行动改变你们固有的看法！

从那晚开始，胡建成就像动画片中大力水手吃了菠菜一样浑身有使不完的劲儿。夜深人静的时候，同学们都已经上床睡觉了，他还在挑灯夜战复习功课，“把寂寞化作力量”。功夫不负苦心人，期中考试的时候，胡建成考到了全校第四名，老师和同学一下子对他刮目相看，就连班长陈建红也开始重新审视他。期末考试后，学校会在梅林电影院举行隆重的颁奖典礼，胡建成和陈建红每年都能上台领奖。

这段经历后来被胡建成拿来教育自己的外甥，外甥长得很高大，但在新的学校却常常被人欺负，因此感到非常苦闷，胡建成便把自己的亲身经历写出来劝导他要自强，相当有说服力。

成绩好了，赢得了同学的尊重，胡建成也找到了在新集体中的归属感。特别是一些混日子的同学更喜欢胡建成了，因为胡建成比较慷慨，做好的作业乐于跟别人共享。凭借这个，胡建成就读梅林中学时在住宿上享受到了贵宾级待遇。班里有个同学叫应建光，其父应卫星是当时的梅林小学校长。梅林小学和梅林中学比邻，应建光大方地把父亲的学校宿舍跟胡建成分享，给自己找了一个好伴读。

胡建成读完初一时，哥哥胡孝程迎来了初三毕业。胡孝程在山水中学的成绩也是非常优异的，可以排到年段前五名，但是家里要同时供两个人读书压力太大了。国人向来有“长兄如父”的传统，胡孝程也秉承着这样的长兄责任制理念，觉得弟弟读书成绩远胜于己，自己打工养家，弟弟继续读书，是权衡之后的最佳选择。从给弟弟转学这件事，可以看出胡孝程尽管年纪不大，却很有主见了。所以，初三毕业之后，胡孝程就没有再读下去了。

当时宁海有很多人从事模具制造，这也让宁海后来在国内成为有名的模具产业基地，胡孝程先去当学徒，由此进入了模具行业。应该说，胡孝程的选择还是很明智的，那个年代正是中国制造业崛起的黄金时期，技术工人需求量巨大，像他这样好学又肯吃苦的人正是未来“大国工匠”的潜力股，从收入上也凌驾于一般的大学生。然而，那阵子胡孝程出去打工却是带着一种壮士断腕的精神，挥泪割断了学业，而胡建成也成了全家人的希望，背负了更多责任与压力。

胡建成没有辜负父兄的期望，初二时，他参加宁波市“爱我中华”

历史竞赛，获得全市三等奖。这次比赛，胡建成先是拿到了宁海县的一等奖，县里派出四个人代表宁海队去宁波市里参加市赛，这也是胡建成第一次去宁波市区。虽然只是市三等奖，可在梅林中学这已经是破天荒的事件了，作为学校历史上第一位获得全市奖项的学生，后来更被堂而皇之地写进了校史，他也成了梅林中学第一个被写进校史的学生。1995年秋，胡建成以全县第四十名的成绩顺利考入宁海中学，同时也获得了梅林中学“十大优秀毕业生”的荣誉。

青云之志，穷且益坚

1926年，一批旅居上海、杭州的宁海籍青年，为了发展家乡教育相约回乡，借用宁海正学高级小学的校舍，创办了一个名为“消夏社”的暑期补习班。同年秋，在“消夏社”的基础上招收初中一二年级各一班，共80余人，称正学高级小学中学部，于1926年9月10日正式上课，次年易名宁海县立中学，这就是浙江宁海中学创立的过程。1981年，宁海中学成为浙江省重点中学。宁海中学的创始人中包括我们熟知的柔石、潘天寿等文化名人，柔石还亲自在学校任教，宁海中学旧校区有一幢教学楼便命名为“柔石楼”，而胡建成也正是在宁海中学旧校区就读的最后一届学生。

胡建成是1998年参加高考的，要面对千军万马挤独木桥才能上大学的激烈竞争。那个时候在宁海这样的小县城，只有上最好的中学才有把握考上大学，所以从初中开始大家就得拼命向头部资源靠拢。

“那一年的那个我，坐着拖拉机，在映山红的目送下，在麻雀的歌声里，翻过好几座大山，蹚过好几条小溪，开进了县里的重点中学，也开进了大学的校门。”伴着山花和鸟鸣的诗意，以及拖拉机的轰轰烈烈，胡建成进了城。由于山路崎岖难走，乡民们没有大事都不进城，也没有必要进城。胡建成除了小时候看脚气病到过城里之外，几乎也没有再去过城里。而他的这一次进城，在瓦窑头村也成了不折不扣的一件大事，因为村里自从胡建成上一辈的胡家伟考上了宁海中学，并从宁海中学走向了清华大学后，就再也没有人考上宁海中学了，一直中断了十几年。开学那天，胡建成跟着父亲去宁海中学报到，顺便看望了在保险公司上班的堂叔，这位堂叔还不太相信胡建成是高分考进去的。

那时市场经济的风潮在宁海县城已经随处可见，到处都是地摊和农贸市场。宁海中学那年在争创省重点中学，需要加大硬件设施的投入。当时宁海比较穷，政府也没办法给学校更大的投入，宁海中学就以低于中考录取分数线的名额收了一些捐资生，所得款项用来建设新校区，同学中因此不乏富有家庭的孩子。更多的同学则是像胡建成这样来自偏远乡村，甚至有一些同学仍然保持着乡下寄宿的作风，每星期背着大米和咸菜到学校，自给自足。但是在这种不变的状态下，已经悄悄地融入了变的因子，表面大家风平浪静，底下已经是暗潮涌动，他们都明白自己要真正地走出大山，改变命运，除了读好书之外没有第二条路可选。

上了高中后，胡建成窘迫的家境并没有多大改观，据和他同桌了一年的同学王俊回忆：“他高中时家里条件比较困难，我只知道他家在宁海比较偏僻的小山村里，平常住校，周末偶尔回家。高中一直戴着一块表面绿色的手表，我估计这是他最贵的家当了。”

关于这块手表，还有一个美好的开头和悲伤的结局。中考时，胡建成成绩优异，获得梅林中学“天元奖学金”共100元，爸爸又加奖50元，买了这块对他来说价值不菲而又意义非凡的石英表。胡建成对之视若珍宝，每天表不离身。一天，母亲吩咐他到市场上买菜，胡建成爽快地答应了，骑着自行车一路朝市场飞奔。到了梅林横街出口处，由于车子不稳，左手抖动了一下，他意识到了这个“异常”，却没放在心上，继续骑车到新华书店——每次去市场买菜先到新华书店看书已经成了胡建成的习惯。

在店里翻书的时候，胡建成才发觉左手“轻了很多”，定睛一看，差点叫出了声，手表没了！刹那间，“他浑身冒汗，一股恐惧涌上心头”，书也顾不得看了，跳上车朝来路骑去，他忽然记起了刚才的异常，果然在那里找到了手表，只是“表面已破得连玻璃也找不到了，底部向内凹进，表带断成几截”，胡建成的眼泪不由自主地淌下来了。“买一块150元的手表，对城里的家庭来说算不了什么，可是对这个爸爸做工、妈妈上班、哥哥还是学徒的家庭来讲，实在不是一件容易的事。”

这件事促使胡建成写出了他人生中第一篇自传小说，名为《妈妈，你会骂我吗》。小说的主人公叫作“沈勤”，“沈”是胡建成母亲的姓，“勤”则是勤奋的意思。小说最后是一个悬念式的结尾，沈勤担心妈妈知道这件事之后会不会把自己痛骂一顿。虽然胡建成并没有写出结果，但通过这件事，我们却可以看出高中时代他生活的一面。

高一年级总共8个班级，每个班级的学号是按中考成绩排的，这种以成绩论英雄的现象是应试教育的典型风格，对胡建成这种班里学号排名靠前的同学来说，既是一种肯定，也是一种压力。王俊说：“胡建成在学习上始终是班里的佼佼者，没有偏科，各门功课都学得很好。对其他同学在学习上也给予了很大的帮助。”然而，胡建成似乎从来没有对自己的学习成绩满意过，他的日记里经常是考试后的失望和自责，尤其是想到家庭的贫困，看到父母的辛劳之后，这样的愧疚感就更加强烈了，于是他把日记本当成倾诉的对象，不时向其忏悔：“自己只是普通的农民家庭，要想有所成就就非得吃一番苦不可，不是说‘吃得苦中苦，方为人上人’吗？”“看到疲惫的父母心里就有说不出的难过，父母每天起早摸黑地劳作，可是我的成绩直线下降，叫我怎么心安呢？”从这里面，我们可以感受到这个农家子弟背负的担子之重，渴望成就的心情之切。

有一次，胡建成整理好书籍正要回家的时候，迎头碰见了母亲，他吃了一惊，父母向来是不到学校来的，这次母亲怎么会不告而至？当胡建成得知母亲是特地为自己送米来时，又感动又惭愧：“自己不回家，叫家务繁忙的母亲为自己送米。”母亲伸手把50元钱塞到胡建成手里，此时他的手已经颤抖得不听自己使唤。

这种负疚感甚至一直持续到胡建成高考结束以后，等录取通知那几天，他还在检讨自己的无所事事：“在家里，生活很空虚，没有读书时的紧张感，内心很不充实，看到父母和兄长都在努力挣钱，我从内心感到惭愧。”

胡建成曾在《给一位远方朋友的信》中阐明了自己高中读书的心态：“我与你出身一样，农村的孩子早当家，早就懂得如何体贴父母，关心朋友，用真诚善良的心去对待周围的一切。”这位“远方的朋友”叫胡建伟，和胡建成只差一个字。高二时，一个初中同学寄信给胡建成，写错了邮编，阴差阳错寄给了宁海五中的胡建伟。胡建伟拆开了信，发现信并非写给自己的，他不嫌麻烦，又花了邮资重新寄给了胡建成。胡建成从中发现了对方“那颗善良的心”，很受感动，于是回信表达谢意，两人成了当时流行的笔友。胡建伟因为没能考上宁海中学而自怨自艾，胡建成便在信中开导他，鼓励他为共同的理想而奋斗。从这样一件事情，我们看到了两位同样出身山村的少年身上那种纯朴热情、与人为善、推己及人的精神，这也是很多山村孩子走出大山之后能够成就自我的重要原因。

胡建伟本来打算转到宁海中学，可惜的是，胡建伟在竭尽全力后，转学还是失败了，确定自己不得不留在宁海五中之后，他决然选择了退学，提前走上了社会。实际上这是当时常见的现象，很多二三流高中的学生都没能坚持到高考那一刻，即使坚持到了，可能意义也不大。

回过头去看，就更体现出胡建成初一从山水中学转学到梅林中学的意义了，这是一种超越家境的眼界。一般来说，“人穷”和“志短”往往相辅相成，只有少数人能够突破这样的局限，而这些少数派普遍在困顿时就有比常人更纵深的视野了。贫穷，最可怕的不是一种现实，而是固化成一种思维。

其实，即使考到了宁海中学，很多同学也没办法摆脱贫穷思维的束缚。一位同乡曾经悲伤地说：“为什么家里那么穷！”胡建成便写了一篇洋洋洒洒的《谈贫穷》来回答他，其中说道：“一部分人把贫穷作为自己的精神财富。因为贫穷，所以我们要追赶，敢于与贫穷做斗争，在贫穷中我们懂得了什么叫节约，懂得‘盘中餐’里的‘粒粒皆辛苦’，在贫穷中我们懂得什么叫勤俭朴素，在贫穷中我们更加懂得父母的爱心，更加珍惜学校的生活，在我所就读的中学里，凡成绩最好者，往往是乡下的，他们也大都是德智体全面发展的‘三好生’。”“贫穷培养了人们吃苦耐劳的良好习惯，他们已流过‘大汗’，吃过苦，读书是一种享受，培养了他们勇于克服困难的高贵品质。”

贫穷是一种精神财富，懂得感恩贫穷的胡建成也就拥有了改变贫穷的最大力量！

高中生活，多元发展

高中的学习生活非常紧张，压力山大，但是胡建成并非一味地躲进书堆成一统，两耳不闻窗外事。相反，他对应试教育的弊端颇有洞见。高一暑假胡建成去拜访初三时的班主任仇老师，其间他谈到了现在的中学生一味地应试刷题，学校的素质教育不过空谈，即使像宁海中学这样县里最好的中学，学生们的艺术修养大都也是一片空白。从小到大，老师只想把知识灌输给学生，却从不大顾及学生的爱好，导致学生们的兴趣受到压抑，个性不能发展。幸运的是，胡建成在宁海中学不必抗流俗、犯笑侮，身边的师友对他的多才多艺持赞赏态度，给他创造了不少展现才艺的舞台。

宁海中学每年一度的校运会是比较丰富多彩的，除了体育竞赛外，还会有文艺方面的比赛，相当于把运动会和校园文化艺术节结合在一起了。体育是胡建成的弱项，他没办法在赛场上为班级争光，仅管啦啦队员当得很起劲。不过在艺术方面他却当仁不让，每次都作为主力出战，特别是在书画比赛中常常取得不俗的成绩。那时候胡建成班上不乏多才多艺者，一个名为陈光照的同学，硬笔学庞中华，水平在同学中出类拔萃，连胡建成都自愧不如。还有胡建成高三的同桌林良波，粉笔画画得非常好，学校各个黑板报，都是他负责插画，胡建成负责写字，两人堪称“黄金搭档”。从中也可以看出，宁海这座小县城文化艺术底蕴之深，才能孕育像潘天寿这样的大师。

周末的时候，胡建成经常去王俊家玩，王俊的妈妈是位音乐老师，家里有架钢琴。第一次到王俊家里，胡建成无意中发现墙上挂着一支笛子，他情不自禁地拿下来吹了一曲。这一曲把王俊的妈妈惊动了，她听到曲音后，惊讶地跑进来，问谁在吹笛子。她和胡建成聊过之后，知道他原来只是一个山里的放牛娃，更是嗟叹不已，自己作为一个音乐老师，儿子五音不通，而一个放牛娃却可以出宫入商，她连忙翻找了一篇笛子曲谱，让胡建成吹奏，主动提出为他钢琴伴奏。王俊说：“胡建成非常羡慕我有这样的条件和氛围，可惜这些对我来讲纯属浪费。他会到我家摸摸钢琴，吹吹笛子，和我妈交流，甚是愉快。直至今日，每次碰到我都会问候我母亲。”其高中时代对艺术的热衷由此可见一斑。

胡建成的艺术天分不仅限于动手，动口也是他的强项，同学认为其在主持方面也颇有天赋。有次班里组织一场学习经验交流会，由胡建成主持，事前他并未做任何准备，却把交流会主持得像模像样。每位同学介绍完经验后，胡建成都能将其讲的重点进行梳理、分析、强调，“具有超强的记忆和总结能力”。

对此，胡建成曾有过一番见解：“在生活中，文化艺术是不可缺少的一部分，作为一个青年应有活泼的性格，能唱会跳，能主持文艺节目，有较强的应变能力，做一位多层次的文化人物。”相比初中时代的腼腆和内向，高中时代的胡建成由于才艺上得到了更多表现的机会，已经变得比以前外向和活泼多了。

富于文艺气息的高中时代，胡建成留下了富有纪念意义的几本日记。其中，《山路》和《追寻》两本，不仅用工整秀丽的笔迹书写，里面还有不少自制的插图，很具美学价值，彰显出胡建成当年不俗的审美趣味。日记的内容都是“我手写我心”，虽然文学价值不高，但胜在以情动人。如果说有点遗憾的话，那就是日记本交给老师批改过，批语中那些触目惊心的红色笔迹似乎有点破坏了这种协调。

在同学眼里，胡建成属于老好人一类，脾气温和，肚量大，没和任何一个同学有过过节或者争吵，人缘比较好，再加上为人热情，踏实肯干，有当“带头大哥”的潜质，也确实被老师委以重任，当过班级的副班长。这期间胡建成的管理能力初步得到了展现，他和班长俞能杰相互配合，成为班主任童春花老师的左膀右臂。班上的几个班委颇能发扬“吃苦在前，享乐在后”的奉献精神，深得老师和同学信赖，因此班子一直都很稳定，班级也多次获得优秀班集体等荣誉称号。

童春花老师特别提到高二时班级搞的一次拉练活动，那次是清明节到前童去给革命烈士扫墓，早上去下午返回。据说宁海中学长途拉练不过夜，这算是第一次。由于单程要走30来里路，而且途中还要翻山越岭，一路坎坷，不是常走山路的同学都叫苦不迭，一些女生比较瘦小，再加上背着重重的背包，更是步履蹒跚。这个时候最能看出班干部的作用，他们争先恐后地帮女同学背包，那种慷慨激昂的情景，童老师20多年后仍记忆犹新。据说那时班级的女生都偷偷许愿，将来找对象要按照本班班干部这样的标准去找，以致高中时期胡建成也品尝了恋爱的滋味，日记中有几篇就是抒发郁达夫所说的“水一样的春愁”。

当副班长对胡建成有两个帮助。一是让胡建成养成了时时自我督促的好习惯，在日记中胡建成记载了一次自己和班长俞能杰在食堂的谈话，他们谈到了班级存在的种种问题，同学们近期对班级工作的不满等。这次谈话的结果让胡建成深刻反省自己的不足，下定决心以后要“心胸更加宽广、坦荡，用真诚去对待同学，虚心向他人学习，了解他人，也了解自己，使他人快乐，也使自己幸福”。

同时班干部的位子也给了胡建成天天向上的动力。一般来说，当了班干部容易分心，影响学习成绩，但胡建成却将之视为鞭策学业的手段之一。有一次他在班会上发言，发现同学们都心不在焉，童老师眼里似乎也有不满。事后，胡建成认真反思，发觉原因应该是自己近期成绩下降，话语权降低了，想通了之后他后悔万分，立志一定要把书读好，重新证明自己。

以诚观物，少年心气

高中是一个人“三观”初步养成的时期。世界观和人生观可以随着时代的发展而进步，如今的高中生，处在信息大爆炸的时代，对世界的认知已经远远超过20世纪90年代胡建成那一辈，当年很多高中生和胡建成一样，上大学前连县城都没有出过，他们对世界的认知仅限于教科书，正所谓没有观过世界，哪来的世界观？现在很多学生很小的时候，父母就已经给他们的人生做了清晰的定位，他们在上大学前也可以借助网络等手段对各行各业进行深入了解，相比之下，胡建成连上大学选什么专业都是农民出身的母亲帮他参谋的，那年头的很多高中生只知道读书上大学，至于未来要做什么，高考前实在是没有什么概念。

然而，“三观”的核心却是价值观，你看到的世界可能是虚假的，你要走的人生路可能是被裹挟的，如果一个人没有正确的价值观，就失去了自我和主见，活在这个世界上就像随波逐流的浮萍一样。价值观并不像世界观和人生观那样可以与时俱进，“五色令人目盲，五音令人耳聋”，相反，在纷繁芜杂的社会形态中，现在的很多学生渐渐迷路了，失去了本真，失去了独立思考的能力。可以说，20世纪90年代读高中的胡建成在价值观上足以成为今日许多高中生的榜样，他对真善美的追求，对社会的判断和反省，是很多同龄学子难以企及的。

胡建成不仅追求艺术美，对生活美也有比较高的认知。有一次，胡建成看到一位从山里嫁到外面的女孩，清明节的时候打扮得花枝招展回到老家扫墓——白色的羊毛衫，黑色的皮短裤，肉色的长筒丝袜，加上一双尖尖的高跟鞋，招摇着走上山。可是与她的美丽形象形成鲜明对比的却是满嘴的脏话，一路上骂骂咧咧，责怪山路难走，恼怒树木碍道。这个场景让少年胡建成深有所感，更坚信了自然美才是真正的美。也正是这种朴素的执念，让胡建成的价值观始终没有出现大的偏差，从做人到艺术，都能够师法自然，真诚坦荡。

胡建成高中日记中便有一篇文章以《真诚》为名，讲的是其兄胡孝程在广东打工的事情。胡建成高二的时候，胡孝程南下广东打工，想凭借自己掌握的模具技术打开一片新天地。胡孝程先去了一家名为康明制造厂的台湾模具公司，月薪1 000元，第一个月工资到手后便寄了800元回家，可惜这也是他一年之内最后一次寄钱回家。原来，胡孝程很快听同事说别的厂月薪更高，心里痒痒，就离开了康明制造厂，去投奔工资更高的那家工厂了。没想到，新的工厂根本不缺模具工，旧的厂又无颜回去，他急得像无头苍蝇，四处乱转。幸亏在胡孝程四处碰壁的时候，宏兴制造厂收留了他，老板对员工不错，和蔼可亲，而且薪资也算理想，但胡孝程却因为吃不惯厂里的饭菜又离开了这家工厂，硬着头皮回到了康明制造厂。

这一天胡孝程因事特地从广东回来一趟，全家人一起听他讲述完打工的经历，都责怪他不够真诚，太浮躁：人家老板要给你加工资，也得等你踏踏实实地干出成绩来，为工厂创造更多的价值。胡建成更是得出这样的观点："不要埋怨工厂不好，老板不好，要看你自己有没有一颗真诚的心，只有用我们的真诚去热爱工作，才能得到重用，工作不仅是为了挣钱，更要学会如何站住脚，创造自己的事业，实现自己的人生价值。"这段话，很像是未来胡建成自己初闯新加坡的预言。

胡建成的高中日记里面还有一篇是解读学生们到外面吃饭的现象的，这可能是其人生中第一次认真分析企业经营的理念。当时宁海中学的食堂经营理念相比宁波其他发达地方的学校食堂明显慢了一拍，这一点从胡建成读书时还是学生自己蒸饭，食堂只负责卖菜就可以看出。因此即使社会已经进入了市场经济，学校里面的食堂还是停留在计划经济时代的思维上面，一身垄断企业的毛病，不仅菜做得不好，服务态度还非常差，连筷子都要学生自己掏钱买。

在之前只有食堂可吃的情形下，学生们只好忍气吞声，然而校外渐渐兴起的小饭馆却打破了这种平衡。那里别有一番风味，老板为了吸引学生，在菜色上下足了功夫，而且服务周到，春风满面，相比食堂，着实让人胃口增加不少。更关键的是这里的菜还比食堂便宜，食堂卖一块五的，外面只要一块。这样一来，学生们纷纷往外面跑。食堂为了阻止客源流失，不惜关闭后门，因为想出校，食堂后门是条近道，不走后门就得绕一大圈子。即使这样，也没有阻挡学生们外出的脚步，包括胡建成在内。始终忠实于食堂的，只有那些不喜欢走路的女同学和初来乍到的新生。

3

土木名楼可养气
管毫弄纸能怡情

从管理播放室、管理机房，到管理宣传部、管理协会，胡建成在潜移默化中领悟到了不少组织管理能力，尤其是新风书法协会，他在如何吸引会员，如何留住会员上花了不少心思，颇有心得。这里没有利益的关联，更考验人的组织和管理智慧，和管理企业也是相通的，无意中为胡建成日后的发展打下了基础。

土木楼中，冰火淬炼

高考第一志愿，胡建成填的是华东师大。上海是国际化大都市，再加上地域相近、文化相通，很多江浙一带的考生都把上海的大学作为高考志愿的首选。如果查一查上海诸所大学在国内各省的录取线，就会发现除了上海本地外，一般其在各地录取排名最高的就是江苏和浙江两省了。然而，胡建成渴望入沪，却另外有一番情愫在里面。

原来，帽峰山上曾有一所学校。学校建到帽峰山上，对山下的村庄来说一大变化就是冒出了很多知书达礼的上海知青，给村里吹来了一股文化之风。小小的横金山村也有个上海知青来“锻炼”，胡建成母亲和她关系非常好，还经常帮她。“风从海上来”，引起了村民们对上海的向往，“好好读书，将来去上海读大学”也成了一些大人常用来教育孩子的话。再加上近代“宁波帮”在上海滩叱咤风云，高居中国近代十大商帮之首，早年宁海虽然不属宁波辖区，但是近朱者赤，许多宁海人也把闯荡大上海当成人生理想。

志愿上的第一专业，胡建成选的是金融。其实，那时他自己对未来从事什么职业心里也没有概念，只是从母命而已，母亲让胡建成选金融或者新闻。当时很多人眼里的金融基本等同于银行，至今还是很多人向往在银行工作的，那时很多人认为从事金融方面的工作比公务员还要体面。记者在报纸兴盛的年代也是众人羡慕的职业，而且胡建成同村有个亲戚，当时在杭州当记者，在乡亲们眼里属于比较有出息的。母亲想当然地认为在银行工作或者当记者又风光又轻松，当然她也并未像现在很多父母对孩子有那么明确的规划，只要儿子以后不做农民，其他的都可以。

胡建成中学时代是个勤奋、刻苦、听话的学生，但“总是人云亦云，没有自己的主见和想法”，到了填志愿的时候，连那些专业是干什么的都不清楚，可见眼光和格局的局限。这也是大学毕业后，下南洋之前胡建成对自己的深刻剖析。

高考放榜，胡建成的成绩还是相当亮丽的——595分。那一年浙江省的第一批录取线是550分，当年能够在本科一批招生的大多是部属的老牌名校，含金量很高。胡建成的高考成绩超出了一本线四十五分，但他还是不满意，觉得发挥不够理想，以自己的实力，应该可以考个600分以上。也许正是这几分之差，让他的大学之路多走了两千多千米。

当胡建成的母亲听说儿子被哈尔滨建筑大学录取的时候，真的是伤心欲绝。儿子要去遥远的极北之地，就好像被流放似的。就连胡建成自己也难以接受，直到打开录取通知书的那一刹那他才第一次得知这所学校，不由得仰天长叹：“对哈建大毫无概念，却被录取了，那么多的学生为何偏偏选择了我？”虽然事后胡建成了解到哈建大是一所不错的大学，但心里还是忐忑不安，不知道这所大学“设备如何，人情如何，校风如何”，担心自己能不能迎来理想中的大学生活。

1998年，一场“世纪洪水”席卷神州大地，举国滔滔，珠江、松花江、长江、嫩江，江江肆虐，荆州、武汉、九江、大庆、哈尔滨，城城告急。受灾情影响，那年哈建大开学时间向后延迟了，等胡建成到校报到的时候，已经是9月28日了。儿行千里母担忧，离别时刻母亲的眼泪让胡建成久久难以忘怀。

这一年，与胡建成在宁海中学同届不同班的任晓东也被哈建大录取，两人遂结伴同行。任晓东的父亲带领他们北上，这一路是真正的舟车劳顿，先从宁海坐汽车到宁波，又从宁波坐船取海道到上海，最后从上海登上前往哈尔滨的绿皮火车，历时两天两夜。那个时候上学交学费还都是带着现金，路上重点是防贼，胡建成的母亲用白布给他缝了一个像腰带一样的防盗装置，让他把父母辛苦赚来的6 000元“巨款”缝好系在腰里，带到哈尔滨。

出了哈尔滨火车站，胡建成和任晓东分道扬镳了，胡建成所在的国际工程管理专业在哈建大的老校区，而任晓东所读的环境和设备工程系在新校区。本来觉得有个老乡可以互相照应，结果还没报到就分开了，胡建成不禁增加了几分担忧，后来听说任晓东所在的新校区又大又新，相形之下更是无比郁闷。

第一天报到，胡建成找到宿舍的时候，看到空空如也的上下铺床架，一脸愁容。那时南方大学宿舍的被褥都是学校统一收钱发放的，胡建成以为这里也是如此，就没有自己带被褥，而很多同学都是自己或者家长帮忙带来的，早已经铺上去了。同舍的陕西同学张恒的父亲见状，告诉胡建成可以到管理处去买。但胡建成不知道管理处在哪儿，找了半天才找到，花了110元买了床垫、褥子和枕头，但没有床单和被套，也不知道哪里有卖，只能凑合着睡觉，一入校就有点“难过”。

安顿好后，胡建成终于可以好好地参观一下这个未来自己要学习生活四年的校园了，结果越看越想逃。这哪里像自己想象中的大学啊，一座像四合院一样围合而成的庞大建筑构成了学校的主体，中间是操场，单调得令人乏味，似乎四年的日子一眼可以望到头，没有一点想象力。胡建成的文艺气质让他曾经对大学有着浪漫的想象，理想中的大学或许有着小桥流水，岸柳池荷，繁复曲折，就像一座江南园林，其实他第一志愿填报的华东师大就是这样的风格。而眼前的哈建大，让他一下子从“杏花春雨江南”走入了“铁马秋风塞北”，这个落差突然间很难弥合。

许多年后，胡建成不得不承认自己当时的建筑审美水平一片空白。画家朱德庸有句话说：“千万别相信一见钟情的爱情，因为婚后你不可能只看她一眼。”哈建大这座校园的美是历经岁月沉淀的，所以你也必须在沉淀的岁月中才能慢慢体会到她的美。

哈建大由两部分接驳而成，分为前楼和后楼。前楼面临西大直街，是欧洲古典复兴形式的五层大楼，立面横向五段、纵向三段；造型线条刚劲有力，典雅中蕴藏着阳刚。此楼于1953年建成，设计者为哈工大首任建筑系主任彼得·斯维利多夫教授。那个年代国内大学热衷于学习苏联的专业化办学模式，连教学楼名字都变得专业起来，哈工大有了电机楼、机械楼，而这座楼则因为土木系所在而被称为“土木楼”。土木楼一度成为哈工大的主楼，1959年，哈工大进行院系调整，土木工程系分离出去，独立扩建成哈尔滨建筑工程学院，土木楼又成为哈建工的主楼。如今，哈工大宏伟、庄重的新旧两座主楼在西大直街上交相辉映，诉说着学校的光辉岁月。

后楼始建于1906年，经典的19世纪末20世纪初欧洲新艺术运动的风格，局部曲线优美流畅，简洁中彰显着端庄。这里曾是帝俄政府驻哈尔滨总领事馆的原址，1920年，哈工大的前身中俄工业学校入驻，百年哈工大于此发源，现已辟为哈工大校史博物馆。“哈工大的历史和使命是从铁路建设开始的，土木系和机械系是最初的两个系，中国的百年名校，真正以土木起家的，估计只有哈工大了。”胡建成对此深以自豪。

在土木楼里，学子们足不出户就可以领略建筑史上两大流派所体现出的别致的艺术之美。由土木楼开始的素描写生，从楼中的浮雕纹样领略建筑细部之美，以宽敞的楼梯、走廊、回厅为测绘的蓝本，土木楼俨然已经成了学子们最好的老师。

光阴荏苒，土木楼早已经洗尽铅华，回归质朴的本色，厚重犹如碉堡一般的墙体似乎也已经不合时宜，然而这种质朴与厚重恰恰就是建筑恒久与隽永的保证，不浮华，不张扬，却实用而致远。其实，这也是建筑学子最应具备的品质。建筑之美，需要经得住风雨的洗礼，时间的考验，岁月的推敲。土木楼的精神气象似乎也在无形中传导给了从这里走出来的一代代建筑学人，相比于清华、同济等国内其他名校出来的建筑学子，这里的学子或许很少一出场就锋芒毕露、秀出于众，但他们的厚积薄发、气力绵长却也是罕有其匹的。

正如从土木楼走出的著名建筑学教授张伶伶所言：“如果说大学教育是从书本上学知识，那么环境对人的影响也是重要的组成部分。土木楼承担了这样的内容。无论是它端庄、沉稳、厚重的外表，还是它典雅、细致、耐看的内饰，从整体到局部一气呵成。它本身就是建筑学习的范例，能与其共融的经历本身就是一种教化。”胡建成感叹，四年过后，自己对建筑的理解已经脱胎换骨，这是一种由内而外的生发，据说《中国国家地理》杂志曾将土木楼空间群评为中国最美的大学校园之一，可谓眼光独到。只是在当时时代巨变的背景下，年轻学子普遍崇尚现代化光鲜亮丽的大学校园，未能沉下心来欣赏。后来倒是陆续有人慧眼发现，在这里拍了不少电影，包括赵薇主演的《致无尽的莎士比亚》等。

胡建成入学后哈尔滨已经是深秋了，“秋风萧瑟天气凉”，等到国庆一过，哈尔滨的冬天也就到了，“草木摇落露为霜，群燕辞归雁南翔”。那个时候他面对着新环境的不适，心里的色调是灰色的，他说自己在学校里最有感情的是操场上那几棵大树，因为在空旷的操场上，几棵老树显得如此寂寞，冬天一到，更是群叶辞树，飘零憔悴，像极了自己的心境。胡建成甚至一度有过退学的念头，想回去重新考大学，只是家里贫寒，怕父母伤心，不得已作罢。他常常徘徊在几棵老树下，并非像佛祖一样参悟，而是觉得同病相怜。但四年后，胡建成的认知已经改变了，他明白了古树的魅力在于它的历久弥新，这种精神不就是土木楼的精神吗？土生长万物，木枯荣自在，土木楼不是简单的一座楼，而是蕴含了一种高深的人生哲学。

同时，几棵大树下还是学校最有服务精神的地方。每到早晚，院内就有不少跑步锻炼的学生，跑累了就坐在大树下歇一歇。那时候学校有四个系在土木楼：建筑学系、管理系、建材系、机电系，还有一个建筑设计院。胡建成所在的管理工程系有国际工程管理专业三个班，会计专业两个班，房地产管理专业一个班。建筑学院的女生数量不少，土木专业算是比例比较不调的，但男女生比例也可以达到三比一，国际工程管理专业男女生比例是二比一，会计专业女生更多，比起哈工大本部来简直和谐太多了，所以成双入对的着实不少，那阶梯式的树池也成了恋人们晚上谈情说爱的最佳场所。默默奉献，有大爱而不言，建筑学子为广厦千万间“大庇天下寒士俱欢颜”而奋斗，不也应该具备老树这样的济世精神吗？

土木楼两大特性成全了其冬暖夏凉的特性，一是一米厚的外墙，室内空气无法和室外冷热交换，连外墙上的窗户都是双排的，用水磨石打磨的厚厚的窗台，非常有厚重感。二是整个空间群的各个角落都用可封闭的走廊连到一起，你可以在里面自由穿梭，风雨不透。走廊最宽敞的部分接近四米，每次评图活动的时候走廊挂满图纸，非常有艺术气息。

尤其冬天一到，土木楼建筑适应气候的典型优点就更显现得淋漓尽致。整个大楼把教学楼、宿舍、食堂全部集成为一体，包括浴室、超市、打印社，应有尽有，要是你不愿意出去的话，甚至可以整个冬天都猫在楼里。想想别的学校，学生们要顶风冒雪从宿舍走到教室去上课，到食堂去吃饭，而这里穿着一件短袖就可以轻松地在这几个点之间来回游走，这是多么奢侈的一件事情啊！对于胡建成这样怕冷的学生来说，则更是一种莫大的幸福。

来东北前，胡建成最发愁的一点是，自己从小就怕冷，一到冬天就要生冻疮，特别是手上，基本每个手指上都会有，手老是肿得跟馒头似的，不知道到了那个苦寒之地后如何度过这一关。可是很快他就发现自己想错了，到了每年十月中下旬，哈尔滨就开始供暖了，再加上土木楼得天独厚的构造，此后胡建成再也没有生过冻疮了，真可谓塞翁失马焉知非福。

心中有火，眼里有光

哈尔滨建筑大学源自1920年的哈尔滨中俄工业学校铁路建筑科，是赫赫有名的建筑“老八校”之一。到胡建成就读时，早已经形成较大的规模和很高的层次，师资力量雄厚，当时中国工程院土木学部的院士中，哈建大有四位院士入选，仅比清华少一位。

然而，胡建成入学的时候正是新旧世纪之交，环境日新月异，学校的发展也走到了一个十字路口。随着市场经济在中国的兴起，东北的经济地位不断下滑，也给哈建大带来了冲击，师资流失、资金投入不足、观念陈旧等问题都困扰着学校。特别是由于一些原因，学校的“211 工程”建设没有落到实处，所需两个多亿的经费没有到位，更是犹如巨石从山崖滚入涧中，激起千层浪。2000年到来后，中国高校之间掀起了一股轰轰烈烈的合并潮，一时之间，似乎只有做大做强的高校才能前途远大。

哈建大的学生们渴望合并到哈工大，于情来说，哈建大和哈工大四十年前本是一家，同根同源，跟哈工大合并，那是回家，就像孩子回归母亲的怀抱。于理来说，哈工大的牌子响当当，以后找工作也比较容易。

2000年6月，哈建大并入哈工大，哈工大“规格严格，功夫到家”的治校理念逐渐融入哈建大，十年之后更是焕然一新。2010年胡建成创办恩诚建筑之后，连续好几年，每年不远万里，到母校为公司招聘人才。在他的眼里，母校毕业生务实肯干的精神是国内所有院校建筑专业中最靠谱的。

胡建成和他的同学们幸运地赶上了读建筑的好年代，时值新旧世纪之交，中国的房地产产业正处于爆发前的沉默期，当他们走出校门，在社会上历练两年后，风云际会、浪潮奔涌的中国房地产黄金年代就将揭开大幕。这个时候，他们既有学历，又有经验，再加上处于最好的年华，精力旺盛，即将在人生舞台上留下浓墨重彩的一笔，有的人短短几年后就集聚了普通人一生才能赚到的财富。

可惜的是，读书的时候同学们还没有意识到自己所面临的际遇。有不少同学是像胡建成这样被动选择学建筑的，一时之间，还没有从理想的落差中解脱出来，更没有长远的打算。后来，胡建成谈起自己的大学生活，常常也谦虚地用“沉沦”来总结，“那时候开始流行上网，社会浮躁，外面的诱惑较多，老师和学生都想着如何赚钱，很少能静下心来思考”，说这话的时候胡建成满是反思，但在他的知交看来，却并非如此。

张澄是胡建成隔壁班的同学，两人也是比较要好的朋友，常常一起促膝谈心。据张澄回忆，他感到当时的胡建成就有一个与众不同的地方，概括起来就是“心中有火，眼里有光”。胡建成心中的这团火是一种渴望改变现状的火，虽然被环境压抑着，但是常常会从眼里的光、嘴里不经意的言语流露出来，让你预感到他总有一天会在沉默中爆发。

一网之隔，天上人间

张澄认为胡建成之所以会闪现这样的光和热，一个重要原因恰恰是因为他有机会经常上网，开拓了眼界。原来，胡建成有个就读于建材系的浙江老乡，名叫吕敏。那时候吕敏正在材料系的复合材料教研室当老师。1998年，材料系筹建信息中心，信息中心成立以后，吕敏聘请了管院94级建筑管理专业的江建丰当第一任信息中心管理员。1999年，江建丰毕业前向吕敏推荐了和自己同系兼同乡的胡建成，这样胡建成就成了材料系第二任信息中心管理员。之后吕敏又招了材料系复合材料98级研究生吴新跃，和胡建成一起管理材料系信息中心。

材料系这个信息中心从1998年开始就组建了局域网，通过一台互联网共享服务器，用56K“猫”带动10台586计算机，建成了当时稀有的“网吧”，提供互联网服务，价格是1小时3元。56K的带宽分给10台计算机，可想而知是怎样的网络速度了，打开一个网页可能都慢得让人打瞌睡。但那年头上网是新兴事物，网吧更是罕见，因此这个特别的网吧的创办，在学校内还是挺轰动的一件事情，远近闻名，连附近哈工大留学生们都会特地跑过来上网，收发电子邮件。

吕敏还清晰地记得为了给小网吧打广告，他和胡建成、吴新跃三人在冬天里屡次冒着大雪，去教化广场（那时的一个电子产品商场，人流量大）和哈工大校园发宣传资料，给网吧打广告，虽然天气很冷，但他们的内心却是火热的。

一年半后，校外的个人网吧开始遍地开花，校内条件简陋、网速奇慢的非典型网吧就失去竞争优势了。2000年下半年，吕敏和朋友在校外隔一条街开办的岩岩螺网吧开业了，胡建成便到这个新网吧去帮忙，吕敏还给他办了个网管证，在当时的整个哈尔滨，这也算是比较早的认证网管了。2000年以后正是网吧开得如火如荼的时候，打游戏、网恋，成了那代大学生记忆的一部分。

在吕敏看来，当时的胡建成已经有一种特别的影响力，他当网管还能自带顾客，经常会带一小队的同学过来包夜上网，大家一起打网络游戏，煞是热闹，“小胡就高高在上，坐在网管的位置，很是威风”，吕敏说。岩岩螺网吧采用的是微波DDN（Digital Data Network，数字数据网），把两个卫星锅一样的接收器对在一起，架在土木楼上面。信号是从十千米以外的保罗大厦楼顶发射出来的，微波传输中间不能有阻挡，土木楼位于位置较高的地方，在土木楼顶上，可以没有阻挡对传数据。那个时候，吕敏和胡建成两个人。每周都会通过土木楼顶楼的一个天窗爬到顶层，去调试和修理这个网络设备。土木楼住着数以千计的学生，但真正登顶的没几个人。从主楼上去，要绕过很长的一段路，绕到后面，设备放在一个楼顶的小房子里。

其间有个插曲。一天胡建成正如往常一样“威风凛凛”地看着网吧，突然间断网了，主机也没有信号。吕敏和胡建成一拍脑袋，肯定是土木楼顶的设备出问题了，两个人撒腿直奔主楼，登上房顶。可惜慢了一步，设备已经被人剪断拿走了，这是胡建成生涯中遇到的第一次经营事故。还好，由于网吧一直在交网费，网络公司回馈客户，免费送给他们一套设备，而且是最新版本，速度更快，也算是因祸得福。

因为当网管，胡建成也成了最早接触QQ的大学生之一。吕敏原来是用ICQ的，后来QQ的前身OICQ出来了，当时他有点鄙视，也没有去关注，但是胡建成却对之抱以很大的热情，觉得OICQ以后会大有前途，于是注册了不少OICQ号，大都是5位的，还有4位的。到后面，胡建成跟吕敏说了好多次以后，吕敏才注册了OICQ号，那时他用的号已经是8位数了。可惜后来随着胡建成大学毕业和远渡重洋，这些号码也逐渐散佚了，要不然放到后来可是相当值钱的，一个5位数的OICQ号市场价可以高达好几万。吕敏认为，从囤OICQ号这件事就能看出胡建成的商业头脑高出一般人。

当网管后，胡建成经常借宿于吕敏在车库楼的宿舍里。他以吕敏宿舍为中心，聚集了一帮好兄弟，还组织了个玩世不恭的协会。在吕敏宿舍，大家可以自己做饭。吕敏有一些从浙江老家带来的存货，他会做一些家乡风味，特别是炒年糕，乃吕敏老家嵊州的特色小吃，深受大家欢迎。兄弟们也常围坐在一起吃螺蛳，据吕敏回忆："北方人吃起螺蛳是整个儿炒的，然后拿个牙签挑着吃。我们南方是把螺蛳屁股夹掉，然后炒，加水，出锅会有很多汤，拌着汤水，用嘴巴和舌头一起合作把肉肉吸出来，和着汤，很是鲜美。"

那时，他们的协会非常热闹，或侃大山，"悟言一室之内"，或搞活动，"放浪形骸之外"，吕敏印象最深刻的是每年的端午节一起狂欢的场景。全国没有一个城市能把端午节过得像哈尔滨这么恢宏大气的，这可能跟这里的气候有关。告别了漫长的冬季，压抑了许久的生命力在短暂的盛夏尽情燃烧，而端午节作为夏天第一大节自然格外让人珍惜。那天晚上，有的同学会先去看通宵电影，凌晨2点多，天就亮了，电影院有专车送到松花江边，更有好多学生是到江心岛搭帐篷通宵的。天一亮，半个城市的人都会拥向松花江边，踏青、听音乐、赏美景、饮酒嬉戏，一场狂欢就此拉开帷幕。年轻学生精力旺盛，更是乐此不疲，这是一场青春的盛会。如今离开哈尔滨多年，人也到了中年，回忆当年的场景，不由让人产生今夕何夕之感!

当网管的日子是胡建成认为自己大学生活为数不多的亮点之一，这让他可以自由奢侈地上网。虽然当初的网页简单而粗糙，信息量也远不能和今天相比，但新兴事物的魅力是无穷的，那年头大家把上网叫作“冲浪”，听起来就很带劲儿，胡建成也成了同学中最早的一批弄潮儿。那时候，网上人与人之间的情感还很真诚，彼此聊天都是敞开心扉的，非常单纯。同性之间很容易成为知己，异性之间很容易产生火花，让你觉得生活是美好的，阳光是灿烂的，世界是广阔的。

不过，现实中的生活就没有网上那么精彩了。由于生活所迫，胡建成除了按部就班地上学外，剩下的时间都在勤工俭学。哈尔滨号称冰城，胡建成最主要的两件勤工俭学的事儿也都跟冰有关，一是卖冰棍，二是扫冰场。

胡建成所卖的冰棍名为马迭尔冰棍。马迭尔品牌由法籍犹太人开斯普于1906年在哈尔滨创建，“马迭尔”即英文“摩登”一词的中文译名。百年前吃冰棍无疑是件很时髦的事情，可是能够时髦到现在就很难得了，可见其在哈尔滨受欢迎的程度，人云其口味独特，“甜而不腻，冰中带香”。很多人到哈尔滨一游的仪式感都是从吃一根冰棍开始的，就连马云也不能例外，据说马云到哈尔滨主要就做两件事，一是拜访哈工大，二是品尝马迭尔冰棍。每天在中央大街上卖出的马迭尔冰棍数以万计，有人甚至断言去哈尔滨没吃过马迭尔冰棍简直就是白来一趟。哈尔滨中央大街是与上海南京路、北京王府井并称的中国三大步行街之一，以悠久的历史、美轮美奂的欧式风格建筑而闻名，街道铺的石头，是一根根小石柱打压下去的，百年不沉降，马迭尔冰棍在那儿有个老店，最为出名。

马迭尔冰棍在哈尔滨非常畅销，在街上常常看到买冰棍排队的现象，而学校旁边隔了几条街就有冰棍厂，进货容易，胡建成一琢磨，觉得卖冰棍是个赚钱的好办法。于是他整了个泡沫箱子，下面铺上垫子，放上冰棍，冰棍上面盖上毛巾，如果再加上一辆自行车，就是以前卖冰棍的经典造型了。可惜胡建成那时比较穷，买不起自行车，只好手里抱着泡沫箱子在大街小巷四处转悠。毕竟自己是个大学生，不好意思放开喉咙吆喝，于是拿了张纸，上面写上“马迭尔冰棍”几个大字当招牌。没想到竟然效果不错，围观的人们一看这字儿写得贼漂亮，都知道肯定是个大学生，赞他自强不息，又叹他街头沦落，纷纷慷慨解囊。这是胡建成练字这么多年来，第一次转化为生产力。

卖冰棍是夏天的事情，到了冬天就变成了扫冰场。其实，东北人冬天也喜欢吃冷饮，冰棍一年四季都不愁销路，但是冬天卖冰棍滋味就不好受了，零下二十多摄氏度，卖冰棍的人自己先变成冰棍了。扫冰场尽管也是一个苦差事，大清早的就要起来，但是一动起来也就不那么冷了，况且想到扫完后还有一份收入，心里就更暖和了。

东北的大学，滑冰是必修的体育课。操场浇上水就变成了冰场，但在浇水前还必须把地上的积雪扫掉。这项工作本就不轻松，时间一久还有冻伤的风险。胡建成本来就属于比较不耐寒的，如果不是囊中羞涩，肯定是不会去自找罪受的。扫冰场的差事，亦是同乡江建丰毕业离校后，留给胡建成的。

除了卖冰棍和扫冰场之外，胡建成也会找一些家教的工作。但这些治标不治本，四年大学生活他都比较清苦，没有什么油水。大四的时候尤其困难，由于家里盖房子买地基需要十几万，自顾不暇，没钱供他。好在那时候国家出台了助学贷款政策，胡建成便在大三和大四向学校申请了两年国家助学贷款，到参加工作后才慢慢还清。

那时候，宿舍的同学为了改善生活也是各显神通。胡建成和张玉发早上起来一起扫冰场，勤工俭学。同宿舍的朱华笙则在宿舍开起了杂货铺，售卖诸如火腿肠、方便面、饼干等食品，生意很好，经常半夜三更还有人敲门买东西，舍友们刚刚酝酿好的和佳人约会的一帘幽梦也常因此被一根火腿肠打断。

据胡孝程回忆，胡建成读大学期间，两人书信往来不断，互相鼓励，但胡建成都是报喜不报忧，家里人也不知道他真实的生活状况，直到有一天自己看到胡建成大学时的一张照片，里面骨瘦如柴的弟弟让他大吃一惊，这才知道弟弟四年来的不易，不由得眼泪都掉下来了。

乘着新风，遨游艺海

在物质匮乏的生活中，胡建成精神生活却是富足的。和高中学习的不舍昼夜比，大学生活的相对悠闲让胡建成可以悠游在书法的世界里，也使他有机会一窥书法的门道。大学四年，胡建成最引以为豪的事情就是加入并接手了新风书法协会。

新风书法协会是学校96级学长徐德一手创办的，徐德比胡建成年长好几岁，曾就读于南京建筑工程学校，学校将他作为师资培养对象保送哈建大深造。徐德写得一手好字，据说曾专门在南京书法篆刻学校拜师学艺，算是学生中少数受过名师辅导的，自然远胜其他同学的写法。胡建成记得自己入会的那天，看见徐德手持一本厚厚的《书法大字典》，皱着眉头，不断查证字的写法，而后胸有成竹，笔走龙蛇，一气呵成，那种专注与专业让胡建成顿生敬意，有一种学书法当如此的感觉。

入了会之后，在徐德的指引和鼓励下，胡建成重新学临颜体《颜勤礼碑》，而后也学王羲之和米芾。这一时期，他渐渐悟到了正规和系统的学习方法之重要性，慢慢步入书法的正轨。新风书协靠着徐德的带领和影响，聚集了本校的一帮书法高手，大家闲暇经常聚在一起，相互切磋，彼此砥砺，促进了水平的提升，在整个黑龙江省的高校里，这也算独树一帜的。特别是有了书法协会这个平台之后，经常能请到省书法家协会的一些书法家来学校给大家讲授笔法和现场挥毫，如省书协主席魏天雪就多次亲临指导，使会员们的眼界开阔不少，在对书法的认知深入后，眼力亦随之提升。

徐德毕业后，就把新风书法协会的“大印”交给了胡建成，还谆谆嘱咐他要把书法练好，带领协会继续前进。接掌新风书协后，胡建成感觉责任很重，好像一个武林帮会，你的功夫即使不能技压群雄，至少也得数一数二，要不然怎么服众，怎么压得住下面的人？于是，胡建成不顾自己经济拮据，特地花钱到省书法中心报名参加了一个“行草书法班”，努力提高水平。

最让胡建成难忘的是在省博物馆后面的广场晨练的经历。那个年代还不时兴广场舞，广场上有练歌的，有练气功的，有练八段锦的，有练太极的，还有在地上用水练写字的。胡建成就跟着这些人在地上练字，手握一根拖把似的如椽大笔，只不过笔头是海绵做的，蘸一桶清水，在水泥地面上写字。这是一项非常耗费体力的运动，往往字还没写完人已经大汗淋漓，手上功夫没练出来，光练腰了。

这天，广场上又来了一个老头，出手不凡，就像个活字典，你让他写什么体，他信手就来，可谓“五体”俱全。胡建成也是佩服得五体投地，目瞪口呆，越看这个老头越觉得骨骼清奇、仙风道骨，看着看着，不觉双膝一软，竟想跪地磕头拜师。幸好，一旁冷眼观看的一个老头及时把他拉住了，叫他不要着急。原来这个老头叫孙金林，在一个商场的文化楼层开字画店，擅长书画和刻印，也靠卖画治印为生。孙金林贴着耳根悄悄地跟胡建成说："那个老头不会写字，只会画符，不可学。"胡建成将信将疑，第二天去孙金林店里，听他一顿解释，什么是"写字"，什么是"画符"，这才明白：原来书法里的学问大着呢，从提按转折到飞白布局，都有讲究，如果只是为了写得"像样"，追求形似，那永远入不了道。听完这一番高论，胡建成冷汗涔涔，幸亏自己没有误入歧途，否则就走火入魔了。

新风书法协会除了内部的切磋外，还经常发挥自身的特长，做一些力所能及的事，最主要就是帮忙写海报。大学里一些学生会的活动，或者系里的通知，都是书法协会的同学用毛笔写在白纸上，贴在宿舍楼下的走廊上，因为那里是大家每天上学必经之地，可以广而告之。隔壁班的曹云峰因此和胡建成交上了朋友，据其回忆，有的时候老师中午突然给个通知，事情挺着急的，下午上课之前就得贴出来，胡建成接了任务，连中午饭都顾不上吃，跑回宿舍，拿起毛笔蘸上墨水就开写，写完赶紧贴出去，类似情况常常发生。在曹云峰眼里，胡建成就是这么一个热情的人，他认为这也是胡建成后来事业有成的一个原因。其实，那个时候胡建成不仅帮同学写字，也经常被老师喊去帮他们写板书，如"菲迪克条款合同"课程等。

张澄则从另外一个角度阐释了胡建成对同学的热情。胡建成毕业后在金山上班时，张澄也在上海工作，有时候会到金山看望老同学，晚上住在胡建成的宿舍里。张澄记得有一次，自己睡觉时打呼噜太响，引起了胡建成舍友的抗议，胡建成还很气愤地跟舍友争辩，其对同学的关心呵护由此可见。

那时候学校有个播音室，英语四六级考试听力都是通过这里播放的，每天晚上也会播放四六级听力的训练教材等内容。和看网吧及扫冰场一样，负责这个播音室也是老乡江建丰毕业后留给胡建成的三大差事之一。播音室由一个姓安的老师负责，他因手术后视力低下，被照顾到这里工作。胡建成隔三岔五地去看下安老师，晚上帮忙安排播放磁带。

播音设备放在女生宿舍的一间小房子里，因为要负责播音，胡建成拿到了进入女生宿舍的钥匙，女生宿舍对于所有的男生都是充满神秘和诱惑的，这可是男生们求之不得的好事情啊！但胡建成居然大义凛然地把钥匙交给一个名为梁小光的建筑系女生，让她帮忙播放。至今胡建成还记得梁小光是“人高马大，典型的内蒙古女孩，但弹得一手好钢琴”。这段帮忙播放英语听力的经历，让胡建成对英语一直很重视，“虽然听说一般，但读写一直坚持不懈”，这对他后来毕业工作大有助益。

清人刘熙载《艺概》有云：“书，如也。如其学，如其才，如其志，总之曰，如其人而已。”胡建成大学时常和中学同学何定萍通信，何定萍每次收到胡建成的信以后，都要被自己的父亲说教一番，说什么人家的字如何，再看看你的字如何云云，还断言从信上的字就可以看出胡建成以后必大有作为。不知道何父真的有神机妙算的功夫，还是借此来激励女儿，不过一手好字改变命运在现实生活中倒真的是常常发生的，比如参加招聘时，人家看到你的字好看因而优先录取。这事还真的发生在胡建成的身上，并且差点改变他的人生轨迹。

2002年夏天，胡建成面临毕业，开始找工作，时任哈尔滨财政局政府采购中心的主任看到胡建成写的字赏心悦目，又见他文采亦大有可观，起了爱才之心，想要将其招至麾下。财政局采购中心是个很多人梦寐以求的部门，胡建成一时颇为动心。然而，打电话跟家里的父母商量了一下，双亲的反应异常激烈，甚至抛出了这样一个吓人的结论：你要是在那么远的地方，我们就当白生了你这个孩子！

“父母在，不远游”，罢了，胡建成默默叹气，收拾行李，准备南下。离别之际，重新审视母校，才发现一切都是如此可爱：“那丁香花开时的眉目传情，大雪纷飞中的海誓山盟，图书馆里的掩卷沉思，松花江畔的豪情万丈，冰雪世界的童话梦想，一个个细节早已沉淀入记忆的深处。”

上大学和回家之路，来回四五千千米，也算是古人所说的“行万里路”了。这一路，“从南方到北方，从江南的绿色，到山东的灰色，到东北的白色，一路风情，那么多的铁路站，拓展了视野和见识”，千里冰封、万里雪飘的北国大地也拓宽了胡建成的心胸，使得他于南方的柔情中揉入了北方的豪情。南方人喜欢把事情藏在心里，北方人则粗犷豪放，喜欢喝酒发泄，一顿酒后，什么仇怨都可以烟消云散。无形中，他也跟着学会了喝酒，提升了酒量。“大家在一起喜欢聊天，喜欢直接，喜欢爽快，喜欢三五成群。这对我以后的性格改变，很重要”，南方的细腻和北方的粗豪，双剑合一，为胡建成后来的事业发展奠定了性格基础。

4

无鱼弹铗真困顿
有缘执手不蹉跎

住在一起的同事们谁也没有想到平时不显山不露水的胡建成竟然已经开始了地下行动，暗渡陈仓对彭珍娟发起感情攻势，等到他们牵手的真相公之于众时，大家才相顾失色。竟然会是他？！高富帅三个字跟他都不搭边，他是如何抱得美人归的呢？

繁华上海，落寞金山

“一路南下，告别白山黑水，穿越中原大地，直到江南绿色重新出现在眼前，我又回到了南方。”胡建成考大学时与上海失之交臂，找工作时终于再闯上海，只不过工作的坐标系并不是定位在上海市区，而是往上海市中心西南方偏移了70多千米，来到了远郊的金山。那时，胡孝程刚好在上海松江区五库镇开发区汇利模具有限公司上班，胡建成在兄长的单位住了一晚，第二天就去金山工作了。

金山作为上海的西南门户，东接奉贤，南临杭州湾，西与浙江省平湖、嘉善相邻，北靠松江和青浦。这里风景秀丽，海岸线漫长，有城市沙滩可以晒太阳，有上海的最高峰大金山岛可以观海看日出，还有枫泾古镇可以徜徉怀古，唯一煞风景的是石化厂那些密集的大烟囱。金山的石油工业非常发达，是中国发展现代石油化工工业的重要基地，在很多外地人眼里，想到金山第一反应就想到了石化，石化俨然成了金山的象征。

胡建成工作的单位，就是上海金山石油化工建筑公司，改制后直属于中国石化，当时由上海石化托管，该公司是一个具有悠久历史传统的公司，早年从上海第八建筑公司分出去，支援“老三线”建设，组建中建五局四公司，后来因大部分人想回上海，遂整建制回归上海石化公司，建设石化厂。公司持有国家房屋建筑施工总承包一级资质和中石化资源库A类资质，除了承担石油化工基地建设外，也参与民用建筑、市政工程、国防工程、电力工程等各类工程建设。

金山是上海最偏远的区之一，从上海市区去金山还没有去江苏昆山便捷，这里的风土人情和文化习俗倒是与浙江非常接近。坐车到金山，一路有一种繁华落尽的感觉。难怪，胡建成到了金山后没有多久，就感慨大上海的繁华与自己无关。原本多少冲着上海石化的名声而来，却没想到其所处的金山那么偏远，石化又是一个风险较大的行业，且企业效益不好，风险和收益不能成正比，越想越郁闷。

最让胡建成觉得扎心的倒不是金山的荒凉，而是收入的微薄，由于公司那时效益很差，刚开始的收入只有900多元，基本上月光，还要还大学国家助学金，即便两年后当了副经理也才2 000多元。他跟同学朋友聊天叙旧，最怕谈钱。当年胡孝程在松江承包模具当大组长，每月薪资6 200元左右，听到弟弟的工资后，他随口说了一句：“你一个堂堂哈工大本科毕业的，还不如我学手工技术的薪资高呢。”说者无心，听者有意，这句话给了胡建成当头一棒，是的，自己一个名牌大学毕业的，还不如一个中专毕业生收入高！一时之间，只觉得四年所学如梦幻泡影。唯一实在的是那个上海市户口，自己之所以选择这家公司，最看中的就是这一点。然而，如此微薄的收入，不知道何年何月才能买得起房，才能成家立业，即使有了户口又如何，无恒产何来的恒心？

其实，胡建成在同一批进入公司的大学生中已经算是比较幸运的了。2002年7月，上海金山石化建筑共招进来七个大学生，对于这一家当时处于改制前夕， 在低谷中徘徊的国企来说，这已经是历年来大规模招贤纳才的一次了。这七个大学生中，只有两个幸运儿进入了单位机关，一个是胡建成，哈工大毕业，一个叫萧耶，华中科大毕业，他们也是同批入职的同事中学历最为亮眼的，被公司当作重点培养的对象。

不过，胡建成能够进入总公司市场经营部任职还得感谢市场经营部经理陈放明的爱才与惜才。入职后没有多久，全公司召开经营会议。会上，老总发扬民主作风，让每位同志积极发言，建言献策，特别请新来的大学生不要拘谨，有一说一，把自己当成公司的主人翁。老总话虽如此，但谁也摸不准他是真客气还是假客气，这种情况下大家宁可信其无不肯信其有，于是尽拣些好听的话或者无关痛痒的话来说，老总也听得微笑着频频点头。谁知胡建成发言后，言辞突然变得犀利起来，他毫不隐讳地把自己在实习期内看到的种种弊病说了出来，就像拿着一把刀剖开外皮，露出血淋淋的内脏。老总听着听着，脸上的微笑没了，脸色也开始变得凝重起来，再听下去他连椅子都坐不住了，索性站了起来，甩袖走人了。市场经营部经理陈放明见状，赶紧制止了胡建成的发言。

事后，陈放明特地向上头申请，把胡建成调入了市场经营部。公司对这些新来的大学生实行以老带新的培养模式，师徒结对子，陈放明便收胡建成为弟子。一来，陈放明看到这个新来的大学生处世之道还不够圆熟，希望他在自己的羽翼下慢慢磨炼；二来，陈放明也看到了胡建成的才华和潜力，以及认真负责的作风，打算好好栽培他，让他接自己的班，甚至预言胡建成日后会成为公司的总经济师。

过了不久，中国石化、上海石化和BP化工华东投资有限公司出资组建一家中外合资公司，总投资额逾30亿美元，这就是上海赛科石油化工有限责任公司。上海金山石化建筑准备投标承建赛科工程，成立了项目部，需要有人跟外方接洽，负责投标和翻译标书，胡建成和萧耶因为英语比较好，被征调进入赛科项目部帮忙翻译和投标。

在赛科项目部工作期间是胡建成在上海金山石化建筑最有干劲的一段时光。那个时期，他和萧耶两人经常因为翻译标书，要加班到深夜，他的努力和付出自然被领导看在眼里，这或许也是他第二年能够被迅速提拔的重要原因。只是赛科投标的工作结束之后，胡建成又回到了机关，开始了市场经营部的工作，那时公司运行得不是很好，有项目的时候，日子还比较充实，也过得比较快；没项目的时候，常常坐在办公室百无聊赖，反而觉得时光格外漫长。最难受的是，同事们闲着无事，便围在一起侃大山，侃着侃着忍不住就要发起牢骚来，悲叹在这里的收入太低，看不到未来。当然大多数人也不过是口头上怨声载道而已，没有勇气付诸行动。只是听到这些抱怨，难免触动心弦，连下班后的胃口都要受到影响。

缘定三生，泪尽一别

转眼一年已过，2003年公司迎来了新的招聘季，一位毕业于同济大学土木系的女孩翩翩而来，就像一束探照灯光一样，照亮了人生暗处的胡建成。她叫彭珍娟，是上海金山本地女孩，她美丽娴静，身材窈窕，一来就引起了公司光棍们的集体注意。作为一家施工单位，女同志的数量处于天然的劣势，和胡建成一起进公司的七人当中，女生只有一个，每有新入职的女同志，马上就成为众人眼中的焦点。公司现任工会主席谭丽妹当年是团委工作的负责人，新人一来，都是由她迎接招待。那时公司有自己的食堂，平时员工们在食堂里凭票就餐，彭珍娟刚到的时候，还没有来得及买饭菜票，谭丽妹就让胡建成带着她去就餐，用自己的饭菜票帮她先付一下。胡建成因而比公司里的其他竞争者捷足先登，认识了彭珍娟。

彭珍娟入职后在项目部上班，胡建成在机关，两人并不在一条轨道上，但生活中他们住在一层楼，低头不见抬头见。上层也知道公司待遇低，为了留住这些大学生，物质不足精神来补，搞了一个大学生公寓宿舍文化活动，由谭丽妹负责，每周一天英语角，一天教他们打牌，一天教他们交谊舞，娱乐活动内容丰富，大家也有了比较多的接触机会。然而，住在一起的同事们谁也没有想到平时不显山不露水的胡建成竟然已经开始了地下行动，暗渡陈仓对彭珍娟发起感情攻势，等到他们牵手的真相公之于众时，大家才相顾失色。竟然会是他？！高富帅三个字跟他都不搭边，他是如何抱得美人归的呢？

由此，谭丽妹认为，从胡建成的恋爱经历就可以看出他目标清晰、行事果断、行动胜于语言的特质，这也是未来他能成就事业的重要原因。她至今惊讶于胡建成离开公司的迅速和决绝，因为离开前半年胡建成已经升任市场经营部副经理（副科级），受到这样的提拔不仅在同批入职的大学生中他是唯一一个，而且胡建成的师傅、时任市场经营部经理陈放明已经接近退休年龄，很多人都认为他走之后其位置非胡建成莫属。面对这么好的发展前景，依然如此决绝辞职，是当时许多同事难以理解和为之叹息的。

谭丽妹还指出胡建成成功的另外一个重要因素，那就是懂得感恩。她觉得自己当年让胡建成帮彭珍娟付饭菜票只是无意之举，多年后也几乎淡忘了，但胡建成却觉得是她促成了自己的这段姻缘，对她始终感怀于心。和胡建成一起进公司的六个人后来也纷纷辞职，各奔东西，但他们感情不散，胡建成回国后，大家还屡次相聚，每次也会邀请谭丽妹。谭丽妹感慨这么多年来，公司招了这么多届的大学生，如此有凝聚力的，此乃唯一的一批。

彭珍娟的到来让胡建成灰色调的生活一下子有了光彩，但同时也加重了他的压力，恋爱的下一步就是结婚和养家，两人的收入都不高，将来何以家为？最让胡建成郁闷的是，自己下铺的同学朱华笙毕业后进入北京某建筑公司，一年之内房子、车子都有了，反观自己，一年要攒个万八千块都要节衣缩食。想想在大学的时候，胡建成与朱华笙相比各方面都是毫不逊色的，可出来不到一年境遇却是天差地别，胡建成不由自怨自艾起来。好不容易读了个重点大学，却在就业上因为没有选择好起点，或者根本没有好好去规划自己的人生，以至于跟同学差距越来越大。现如今企业效益不好，工作地点又偏僻，内心一天比一天煎熬，越来越看不到希望，他开始检讨起自己的选择："人生每一次的重大选择都会是很艰难的，尤其是第一份工作。这很大程度上决定了今后的生活质量和人生道路。"

这一年，胡孝程结婚成家了，买房、装修，花费颇多，父母无力相助，便让胡建成出点钱，尽友悌之道。在农村的风俗中，成家立业这种大事往往要倾全家之力，兄弟相帮还是很普遍的。胡建成身无长物，自己还要还助学贷款，哪有余力兼济兄长，情急之下他找到了一条外面帮人家翻译标书的路子，赚到了一笔外快，好不容易解决了这个难题。

"昨夜西风凋碧树，独上高楼，望断天涯路"，2004年的盛夏，正在胡建成为自己的前路迷茫不已的时候，一个打动他的消息从遥远的新加坡漂洋过海、破空而至。原来，大学同学张玉发毕业后就去了新加坡从事施工工作，一个月工资2 500元新币，按照一比五的汇率，相当于12 500元人民币，那个时候国内新毕业生能拿到5 000元月薪收入的都寥若晨星，更别提上万了，因此张玉发这个收入是很受同学羡慕的。这一天，张玉发告诉胡建成，新加坡的中建南洋正在国内招聘，这家公司是中国建筑在新加坡的子公司，同样是国企，大平台，而且来之后待遇跟他现在是平行的。胡建成一听，悠然神往，抱着试一试的心态，几天后他悄然前往北京，顺利通过了中建南洋的面试。

面试通过了，胡建成的心情却愁绪万端，人生关键时刻的选择，不能不让人徘徊顾望，“心似双丝网，中有千千结”，诸多无法逃避的问题像一张网一样把他笼罩住了：“面对新的国度能不能适应？出国在外会不会让父母担心？刚谈好的感情会不会付诸东流？”

柔肠百转，终须一了。做出决断的日子，是一种不堪回首的痛，或者情人对面，“执手相看泪眼”，难舍难分；或者孑然一身，“四海无人对夕阳”，无语问天。深思熟虑后，胡建成觉得这次出国机会，自己一定要把握，这是一次人生新阶段的重启，可以重新证明自己作为一个名牌大学毕业生的价值。后来他回忆说：“我没有顾及父母的担心，因为我知道如果自己混得好的话，可以把父母接到身边，而不是在父母旁边守候着贫穷。我也没有考虑女朋友的想法，因为美丽的爱情需要坚实的物质基础。所以我把出国当作一种经历，一种磨炼，一次学习，一次人生新的起点。”

胡建成有个师兄王智武，彼时正在南洋理工大学读博士，他建议胡建成来新加坡前先领结婚证，这样女方将来比较容易申请来新加坡。于是出国之前，胡建成和彭珍娟到民政局领了结婚证。那天胡建成和彭珍娟穿着日常的普通衣服，就走进了民政局，别人多是精心打扮，由双方父母陪伴，拿着喜糖到处派发，对比之下，他们“朴素”得连民政局的工作人员都投来惊讶的目光。在这样的目光下，他们从容地拍照、宣誓，完成了结婚登记。胡建成始终相信，短暂的离别是为了将来更美好地相聚。遗憾的是，新婚燕尔，甜蜜的酒还没有喝完，他就要离开妻子，“孔雀东南飞，五里一徘徊”

了。结婚登记的日子是2004年10月18日，一个月后的11月18日，胡建成到了新加坡。

到新加坡工作需要向中建南洋缴纳4万元出国费，出国之前要交2万元，出国后一年再交2万元。胡建成徒呼奈何。那时他和妻子已经在金山区朱泾镇买了房子，原来岳父看到当时的房价开始快速上涨，当机立断让他们借钱也要买房，这买房的首付也是岳父找亲戚借来的，现在还个房贷都要省吃俭用，哪里还有闲钱交出国费。关键时刻，又是老岳父找亲戚借了一万，胡建成自己又向同事师兄唐军民借一万，凑足了出国前要交的2万元。

对于父母，胡建成知道他们肯定是反对儿子远离自己的，索性先斩后奏，直到登机前才打电话向二老说明实情，电话那头，二老啜泣的声音鼓荡着胡建成的耳膜，久久不息，在飞机起飞那一刹那，重叠成一种强烈的鼓胀和疼痛。但飞机飞上云霄，对未来的期待很快冲淡了这份伤痛。

虽然“父母在，不远游”的古训言犹在耳，然而胡建成觉得古人这种安土重迁的思想未必适合现在的世界，父母是农民出身，面朝黄土，思想局限，而自己乃堂堂名牌大学毕业生，更应该面朝大海，去追寻海阔天空。在飞往新加坡的路上，胡建成突然想到了自己站在上海外滩的那个时刻，望着流光溢彩的都市繁华景象，自己的心里却是昏暗而落寞的。站在四周如庞然大物一样的高楼大厦之中，突然感觉自己渺小如蝼蚁。想到这里，胡建成紧握了一下拳头，是的，下南洋会是自己人生的转折点，也是自己逃避金山的机会，必须抓住！

飞机行进在茫茫大海上，穿过云层，已是满眼阳光。

5

四载沉潜未预算 一身慷慨不虚行

以老李的能力和资历，完全可以轻松找到待遇更高的公司和职位，项目组里很多人都想不通他为什么要待在这里忍气吞声活受罪。当时胡建成也是这么想的，然而，这个疑问等到他创立华庭建筑的时候终于想通了。在那个时候，胡建成终于领悟了老李“对公司的热爱和忠诚”，大伙儿一起拼搏，一同前进，结下的深厚感情是无法用金钱来衡量的。

工地宿舍，苦中作乐

2004年11月18日的晚上，胡建成站在中建南洋总公司的一个食堂宿舍窗前，窗外的狮城华灯璀璨，他却在灯火阑珊处斯人独憔悴。日暮乡关何处是，新加坡是世界上人口密度最大的国家之一，到处熙来攘往，人多的时候最寂寞，这也是胡建成很长时间的内心写照。

食堂宿舍条件简陋，既无毯子也无洗漱用具，再加上初到新加坡，气候闷热，晚上灯光太亮，胡建成一时难以适应，辗转反侧，久久无法入睡。第二天，身体和精神还没从旅途劳顿中恢复过来，他就在中建南洋结构分公司的办公室里开始了新的工作，职位是工料测量师。工料测量师，国内一般叫工程预算员，主要职责为对工程项目所需建设成本的计算和控制，包括从投标准备到建造项目以及之后的阶段，具体工作涵盖工程预算、成本分析、造价管理、准备投标文件、联络承包商和相关项目团队管理等方面。新加坡不养闲人，从第一天上班开始，你就得全身心投入工作。

两周后，刚刚坐了十几天办公室的胡建成就打包行李前往中建南洋新加坡共和理工学院项目工地，从白领变成了黑领——灰头土脸的施工现场，只有黑领，没有白领。在工地，胡建成和工友们一起住进了集装箱宿舍。只不过工程师待遇好一些，不用那么多人挤在一起，一般两三人住一个十几平方米的集装箱，胡建成和哈工大的校友邓铁新成了舍友。

新加坡号称集装箱的国度，最不缺的就是集装箱，所以集装箱住人乃至办公很早就流行了。工地集装箱宿舍搭建快速，建成以后搬家也方便，吊车一吊上集卡就可以移动了，这个工地用完下一个工地可以接着用，不仅省事、省时、省力，连成本都可以大大降低，因此在工地深受欢迎，领导更是大为赞赏。集装箱本来是用来装货的，住人必定会有种种弊端，最大的缺点是隔音效果太差，跺跺脚整层楼都能听见，再加上工地上成天机械轰鸣，噪声污染十分严重。好在施工单位又苦又累，体力劳动就是最好的催眠药，到了晚上，四仰八叉，倒头就睡，哪里顾得尘世喧嚣，工地上从来没有神经衰弱得失眠症的。

胡建成对施工单位缺觉的现象深有感触，他说："我们这些人总感觉睡眠不够，白天要工作11个小时，回家还要做饭，洗衣服，根本没有多少时间娱乐，要是晚上多看一会儿电视，就要到12点才能睡了，早上7点就要起床了。所以大家总是盼望星期天，这样就能睡到中午。因而每当大家睡眼惺忪地上班，看到黑狗不用上班，白天也能睡大觉，就特别羡慕。足够的睡眠，是我们的奢侈品。"他所说的黑狗是一只专业流浪狗，专业不是因为它一直流浪，而是流浪的目的地明确，就是建筑工地。新加坡的建筑工地汇集了不同国家的工人，食堂是没办法全部照顾到位的，今天的口味迁就了这个地方的人，别的地方的人就得忍饥挨饿，反之亦然，因此每天都会有许多剩饭剩菜留下。有些流浪狗靠着灵敏的嗅觉发现了这片天地，逐食而至，跟着施工单位转场。在工地上，狗受到尊重的可能性也比其他地方大，因为施工人员常自嘲为“土木狗”“搬砖狗”，一般不会挥舞着打狗棒去追赶这些流浪狗。

工地上对流浪狗最凶的往往也是狗。那些专门养着看守工料的狗，由于有了保卫科的“正式工作”，衣食无忧，神气十足，骄傲得很，一般人不敢靠近。但是这种狗其实过得很辛苦，白天黑夜都得上班，比起胡建成看到的流浪狗境遇差多了。这只大黑狗几乎一天中大部分时间都是躺在工地门边睡大觉，有时候胡建成用脚踢踢它，它也只是睁睁眼，并不起身，偶尔心情好的时候，才会用爪子碰碰胡建成的脚，仿佛在打招呼。不过，它也有自己的生物钟，到了饭点会自动清醒。如此潇洒又自然的生活状态让工地上的人们羡慕不已，时常发出“做人不如做狗”的感叹。

集装箱生活最让胡建成头疼的是脏乱，工人的宿舍中大白天就可以看到老鼠出没，工人们要卖苦力，无暇打鼠，以至于老鼠横行。相对来说，在工程师的宿舍里，老鼠会谨慎得多，但也不乏特立独行者，床单上常会发现老鼠屎。另外，新加坡灭蚊运动搞得轰轰烈烈，蚊子在居民生活区无处藏身，建筑工地就成了它们剩下的为数不多的乐土之一。热带的生物生命力顽强，蚊子虽小也是凶猛异常，会带来可怕的骨痛热，即登革热，曾有伊蚊导致登革热大面积感染，从而引发在建项目大量停工。此外，新加坡的臭虫很多，一般滋生在床的缝隙里，一旦床上有了臭虫很难杀干净，这个叮咬可比蚊子惨烈多了。

尽管如此，胡建成还是感恩工地有集装箱宿舍可住，这里生活设施完善，食堂、淋浴房、厕所、网络一应俱全，上下班不需要来回奔波，十分方便。更关键的是免费，狮城居，大不易，新加坡可是世界上租金最高的地方之一，如果自己出去租房，工资很容易就“白领”了，那还不如在工地当黑领，毕竟来新加坡是攒钱的，而不是享受的。再说工程师宿舍里面的硬件比工人宿舍强多了，至少有空调，不用挨热，只是空调用久了会得空调依赖症。新加坡的空调跟香港一样，温度喜欢开得很低，很多外地人刚去既不习惯室外的热，又不习惯室内的冷，天天尝遍人间冷暖。

其实，施工工地的持久战生活最不堪回首的并不是环境的脏乱差，而是长期接触不到外面的世界，造成和社会脱节。国内很多施工工地位于荒山野岭，刚去时还可以看看风景，过了几天风景看腻了，渐渐百无聊赖，与世隔绝之下，出来之后连交流都不顺畅了。在新加坡，胡建成走出工地，外面就是繁华世界，不会像国内的许多同行陷入被“流放”的痛苦心境。而且新加坡治安是世界上排名靠前的，住在工地宿舍也不用特地在门后准备两块板砖，以防不测。新加坡人深受英伦文化的影响，喜欢喝下午茶，让人紧张的神经得以放松，有段时间，胡建成也爱上了这种休闲方式，算是入乡随俗。

话又说回来，虽然新加坡是花园城市，但逛多了也会产生好山好水好无聊的感觉，“不为无益之事，何以遣有涯之生”，偏偏新加坡又是世界上法制最健全的国家之一，国内打牌推麻将这些消磨时光的经典手段在那里都行不通，而且那时智能手机还未问世，不像现在下班后个个躺在床上刷手机。不过，孤独成为写作最好的动力，胡建成又找到了高中时代写日记的热情，他用博客记载了自己这一时期的心路历程，以此对抗着精神的空虚。

在尘土飞扬、机器日夜轰鸣的新加坡建筑工地，挑灯看图纸的肯定为数不少，但熬夜打字的可能只此一人。陈独秀曾把监狱当成研究室，认为监狱是做研究最好的地方，其实工地比监狱更能锻炼人，做学问还得与喧嚣的环境斗争，达到入定的境界。

集装箱宿舍无疑是一个锻炼人的地方，在新加坡，一个没有住过集装箱的建筑工程师显然是不达标的。以至于后来胡建成搬出去之后，还保留了一个工地集装箱的铺位。那年头新加坡还没有大力兴建集中营一样的劳工宿舍，工人和工程师们都以工地为家，环境虽然脏乱差了一点，但是那种江湖味和烟火气却让人特别自在和欢快。新加坡的工地清规戒律比较多，像国内工地上那样光着上身走来走去的情形是被禁止的，但在宿舍里面，大家就可以光着上身（新加坡一年四季都适合光着上身），天南海北侃大山。若干年后，胡建成谈起此情此景，仍是悠然神往——“那叫一个痛快”。

每天早上起床，胡建成会先跑去办公室打卡，再回宿舍洗脸刷牙。那时国内工人的工资还没有像几年后那样发生膨胀，新加坡打工的收入相对国内性价比还是比较高的，因此工地上中国劳工不少。来自国内各地的工人也带来了各自的家乡风味，特别是有的工人原来就是厨师出身的，闲来无事难免技痒，喜欢露两手，做些特色菜。江苏籍的工人会酿酒，把剩下的米饭酿成米酒。新加坡的工地是有强制性的周末的，休息日来临的时候，大家常常小聚一番，觥筹交错，杯盘狼藉，有酒有故事，且认他乡作故乡，不亦快哉！遗憾的是，后来随着新加坡外劳集体宿舍制度的强制执行，工地宿舍渐渐消失。下班后，大家不是赶着上回劳工宿舍的巴士，就是急着回住处多睡一会儿，下班后和休息日工地的人气也烟消云散。

施工队伍里的年轻人最苦恼的莫过于对象不好找，打光棍的概率非常高，每当看到同学朋友“撒狗粮”，就要摇头叹息自己入错行。好在胡建成早就完美地解决了这个难题，不过他却逃脱不了另外一个难题，土建者以工地为家，逐项目而居，业内即使已经成家的也普遍面临着“异地恋”的尴尬境地，以至于和妻子团聚成了胡建成初来新加坡后奋斗的目标。回国探亲得请假，但请假也得看天时地利人和，有时候正好遇到新项目开工或者其他重要的事情，有时候正好遇到领导在家挨老婆骂心情不好，这种情况下请假多半是批不下来的。

转眼一年多时光过去，公司规定可以给工作满一年的EP准证人员办理家属证。2006年初，胡建成带着妻子的家属证批准信，回国办理婚礼，宴请宾客。婚后，胡建成携妻一起回到新加坡，彭珍娟拿的家属证可以在新加坡长期居住和工作，经胡建成在新加坡共和理工学院项目的旧同事俞洵介绍，她去了位于武吉巴督的一家名为CCECC Singapore Pte Ltd的建筑公司上班。妻子有了稳定的工作，家庭经济压力也减轻了，胡建成便和封锐、曹志荣、谢勇三个同事共租一套位于兀兰的四房组屋，租金每月900新币，生活环境终于有了较大的改善。

只是，租了房之后虽然生活条件改善了，漂泊感却反而比住在工地集装箱更胜一筹。住在工地集装箱，人不会有非分之想，而租房之后，常常产生一种错觉，看到精美的饰品、心仪的家具，有时忍不住想将其买到住处，蓦然想起，这是别人的家，掏钱的手赶紧缩了回来，黯然神伤，“房子是租的，没有自己的港湾，也没有自己安定的心。总感觉一切都是短暂的，生活是没有固定的，而漂泊的心不能彻底体会生活的快乐。租房子的日子，就好像把房子建在海上，永远在漂泊。”

共和理工，成长平台

在新加坡，因为施工行业很辛苦，待遇也不算高，导致愿意学习土木工程并且毕业后留在这个行业的本地学生太少。好的学生在报考大学时对土木工程唯恐避之不及，即使不幸入了此专业也会在毕业后想方设法转行。虽然新加坡政府也曾致力于提高工程师的待遇和社会地位，吸引更多本打算从政和从商的青年学子，但是效果并不明显，特别像新加坡国立大学和南洋理工大学这样的顶尖大学，土建毕业生从事本行的更是少得可怜。因此，在重视本地人就业保护政策的新加坡，施工领域的排外性相对其他行业要小得多，胡建成和新加坡的缘分正是产生在这样的背景下。

新加坡工程行业非常注重从业人员的文凭以及资格证书。新加坡建设局和专业工程师局认可的中国土木类工程师学校合计不过20所，建筑老八校当仁不让位列其中。如果不是毕业于新加坡官方认可的学校，到新加坡当建筑工程师，不管是薪资还是前途都会受到很大的制约。早年一些中国建筑公司由于刚进入新加坡市场，内派人员几乎都没有受承认的学历，以至于项目经理都要寻找新加坡本地年轻的大学毕业生挂名。因此，后来国内在新加坡的公司都把眼光放在那些官方认可的大学毕业的学生身上。也正是到了新加坡之后，胡建成才发现了哈工大文凭的价值。

中国建筑工程师在新加坡业界是受人尊敬的，因为新加坡人正是从中国人身上学到了如何控制和检测建筑的质量。据胡建成观察，新加坡20世纪90年代以前建造的组屋，质量问题一大堆：顶棚用油漆刷得一道一道，厚薄不一，凹凸不平；墙面很明显不平整，还有裂缝和空鼓，油漆色泽不均；瓷砖品牌是高贵的，却有许多龟裂，瓷砖间缝隙大小不一，不对齐，花纹不对称，色调不一致。到了20世纪90年代中新建交后，新加坡政府特意从中国招聘了几百名设计和现场监管工程师，才使得这一现象得以改变。

在胡建成培训ISO质量管理体系的时候，新加坡建筑业的一位老前辈谈起中国工程师如何检测建筑质量的时候，激动地说："中国工程师很伟大，是中国工程师教我们如何做建筑，我很感激他们。他们太神奇了，只用小玻璃球往地砖上一洒，听声音就能辨别是否空鼓（空鼓会出现裂缝）；用一只小铁球往墙上一划，也只要听声音就能知道是否空鼓龟裂；用一条简单的铝合金框，往墙上或地上一靠，就能检测平整度；用一个小铁锥，就能检测垂直度。"

这也让胡建成为自己和其他中国施工者的境遇鸣不平："成千上万中国的工程师和工人，拿着微薄的收入，默默无闻地在脏乱差的工地上，建起一座又一座现代化的建筑。当坐在宽敞明亮的现代化办公室里，又有几个人能体会背后的那些建设者付出的艰辛、汗水甚至生命。"

不过，用辩证的眼光来看，胡建成的处境也没有那么悲伤。因为在金山的工资低，胡建成才决定去新加坡，又因为新加坡本地人不愿意从事工程行业，所以才给了胡建成从“新”开始的机会。到了工地，集装箱宿舍条件差，却让他有了免费的安身之所，工地上的生活单调乏味，却让他在新加坡度过了最纯粹的一段学习时光。人生际遇有时就是这样，得与失是一个不断动态变化的过程，这个主题也贯穿着胡建成在中建南洋四年的时光。

刚到新加坡时，胡建成每个月拿2 500新币的工资，工地包吃包住，除去生活上的一点花销外，每月能存下2 000新币，相当于1万元人民币，生活一下子宽裕起来。偶尔跟国内的同学谈起收入的时候，也不用再唉声叹气了，就像大学同学张澄说的，那时到国外赚外汇的这些同学在大家眼里都是成功人士，让人羡慕。

新加坡共和理工学院是第五所由新加坡政府完全投资的政府理工学院。学院拥有花园式校园，四周有自然公园，植物葱茂，风景优美。校园内设施齐全、功能齐备，设有学习区、试验区、办公区等。园区内实现了无线化，学生能无线上网，查阅资料、提交作业、讨论交流。该院校舍是日本著名设计师木真文彦退隐前的封刀之作，曾获新加坡“2009年度新加坡总统年度设计奖”。校园与社区之间不设围墙，完全融入社区之中，颇具西方大学的开放理念。

新加坡严格控制大学数量，依靠成功的技术教育，培养出世界一流的技术工人和管理人才，这也是新加坡经济腾飞的关键。新加坡的理工学院毕业生质量和就业形势非常好，文凭在世界范围受到认可，也成为许多国家学习的榜样。

胡建成到新加坡的第一个项目就是参与建造新加坡共和理工学院，对他来说这是一件非常有成就感的事情。胡建成当初上大学时最失落的一点就是校园环境，原来，他设想中的大学会像江南园林一样。现在，能够亲手缔造这样一座美丽而又现代化的学院，多少弥补了自己大学时代的遗憾。忆往昔，胡建成常会触景生情，比如他看到理工学院“宿舍跟家一样，三室两厅，可以做饭，也可以休息，有空调，还有各种设施，如游泳池、烧烤台等”，不禁想起了自己曾住过的6个人一个房间的“公寓”喟叹新加坡学生之幸福生活。

工程预算员分为两种，一种是坐办公室的，一种是驻工地的。坐办公室相对于去工地显然更加光鲜，但是没有经过工地实战锻炼，光靠纸上谈兵是不可能成为一名了不起的预算员的。预算员蹲工地好比在少林寺砍柴挑水，是一种基本功，现场可以了解各个施工工艺，看一下实际施工与图纸有什么区别；计算完图纸上的工程量可以和实际的工程量进行比对，看出入在哪里，慢慢积累经验；施工过程中遇到的一些变更签证要知道如何计算相关的费用，看某些隐蔽部位是不是按图纸操作，及时记录，方便以后结算；预算中很多细部的东西一不小心就会漏掉，漏项是预算员生涯中最大的黑点，只有长期的工地锻炼才能炼就火眼金睛，避免这样的失误。

新加坡政府对于工程承包企业的资质管理主要是通过新加坡建设局（Building & Construction Authority-BCA）制定的承包企业注册制度进行。BCA规定：建筑工程（总包项目）类分为7个级别（C3、C2、C1、B2、B1、A2、A1），其中C3是最低级，而A1是最高级。承包企业在某一工程类别下的级别越高，其所能承担的工程总金额越大。

由于新加坡的法制健全而又严格，中国的集团公司为了隔离自身风险，往往设立平台性质的子公司作为承接对外承包工程项目的主体。但这样做的弊端是母公司之前的成就不被新加坡政府承认。于是，中建南洋1992年进入新加坡市场后只好从底层开始“练级”，五六年后才拿到

A1级资质，又过了五六年才承包了新加坡共和理工学院这样一个一亿多新币的大项目。十年磨一剑，不消说，公司对该项目自然格外重视，投入大量的资源，派来了最强阵容的管理团队，这也给胡建成搭建了一个极佳的成长平台。

新加坡共和理工学院项目的负责人李勇胜很快就成了胡建成学习的榜样。李勇胜“个子不高，50多岁，戴副眼镜，与人说话总是30度仰面，显得格外精神”。李勇胜非常随和，没有领导的架子，说话温柔，为人实在，大家都亲切地称他为老李。

李勇胜是公司的元老，20世纪90年代初就跟中建南洋的董事长陈国才从中东到新加坡创业，当时一起打天下的那批人后来或退或辞，能够坚持十年以上的寥寥无几。老李常年奋战在工地一线，从基层的预算员做到公司的董事，他的成长路线被很多预算员作为学习样板。老李只有中专文凭，而且来新加坡后年纪也不小了，却能说一口流利的英语，英语听说读写能力在公司是一流的，让胡建成这些名牌大学毕业的高材生自愧不如。

老李职业生涯经历过很多大风大浪，锤炼了犹如礁石一般忍辱负重而又坚韧不拔的品质。新加坡共和理工学院是中建南洋成立以来承接的第一个过亿新币合同的项目，由于公司缺少大型项目的管理经验，日本咨询公司要求又太苛刻，这个项目的施工和成本面临巨大挑战。

在工程建设体制方面，新加坡的一般做法是，业主将工程项目委托给工程咨询公司来进行可行性研究、建筑设计、结构设计、施工招标、施工监理、竣工验收。因为业主通常都是外行，一般不干预工程建设，只需向工程咨询公司提出要达到什么样的使用要求，工程建设的各个环节均由工程咨询公司全权负责。中建南洋的管理还停留在粗放模式，而新加坡共和理工学院聘请的咨询公司来自日本，日本人擅长精细管理，两者形成了不可调和的矛盾。结果，2005年12月，矛盾激化，新加坡共和理工学院被迫停工，且一停就是三个月，这也是胡建成第一次遇到的施工危机。停工之后，人心惶惶，很多人都怀疑公司能不能把这么大的项目做完，甚至有人担心公司会因为这个项目而倒闭，对公司的前途失去信心，辞职离开的人越来越多。

一时之间，公司陷入风雨飘摇的境地，作为最高负责人的老李无疑承受了最大的压力，不仅天天要向自己的顶头上司汇报，还要每天跑去跟日本咨询公司交涉。老李名勇胜，可这个时候只能以柔克刚，在人家面前不敢金刚怒目，经常是两头受气。不到百日的时间，老李一下子沧桑了很多，白头发增加了不少，但仍然没有得到高层的体谅，大会小会挨批不说，上面还派了位副总付锦岭来统管项目。下面的人都为老李鸣不平，大家觉得项目出问题根本原因还是公司体制的问题，不能让老李一人背锅。

所幸老李并未因此消沉下去，项目重新开工后，他还是那么精神抖擞，斗志昂扬。为了挽回这失去的三个月，整个工地都在抢工。那段时间，老李犹如一个上满发条的时钟，每天走个不停，早上上班之前要去工地视察进度，晚上还得带领工程师和分包走工地，亲自到现场解决和协调各种问题。偌大的项目，一圈走下来就要几个小时，不仅考验体力，更考验毅力。

能受天磨是铁汉。在随后逆流而上的日子里，就连中途派来的副总付锦岭也辞职了，老李却始终坚守阵地，最终完成使命。其实，以老李的能力和资历，完全可以轻松找到待遇更高的公司和职位，项目组里很多人都想不通他为什么要待在这里忍气吞声活受罪。当时胡建成也是这么想的，然而，这个疑问等到他创立华庭建筑的时候终于想通了。在那个时候，胡建成终于领悟了老李“对公司的热爱和忠诚”，大伙儿一起拼搏，一同前进，结下的深厚感情是无法用金钱来衡量的，他写下了这样一段职场感言：

每当提起老李，大家无不佩服他的敬业精神和对公司的忠诚。想想我们这些年轻人总觉得公司给我们的薪水太低，工作太多，环境太差，却从来没去反思我们对公司所做的贡献和自己的工作能力。现在社会上不缺人才，缺的是对公司忠诚和敬岗爱业的好员工。忠诚永远是企业生存和发展的精神支柱，是企业的生存之本。只有忠诚于企业的员工，才有权利享受企业给自身带来的利益。

天下难事，莫过要账

新加坡共和理工学院竣工后，胡建成漫步于美丽的校园内，看着来来往往的学生，想到很快就要“挥手自兹去”，感到又欣慰又心酸：“这些学生又有几个能体会到国家花那么多钱投资教育的良苦用心？又有几个人能体会到建设者的辛勤付出呢？”是啊，为他人做嫁衣是建筑者的宿命，中国古代的工匠还要在砖上留名，而现在的工匠却连个名字都不能留下，但胡建成很快释然了，“每当草坪变成广场，集装箱变成高楼大厦的时候，就是我们收拾行囊准备钻入下一个集装箱的时候。生活就如建工程，一个目标实现了就要去追求另一个目标”。“事了拂衣去，深藏功与名”，干过一两个工程之后，侠者风范就会油然而生。

工程到了尾声，项目组各自打点行囊，准备搬离工地。胡建成整理自己的资料时，才发现两年来一不小心竟然积攒了几十本文件夹，排满了整整两大柜子。这里面有很多可用可不用的资料，但胡建成总是舍不得扔掉，就这样“且行且珍惜”，手里的资料越积越多，有的到工程结束也没有用上，反而成为累赘。这次告别整理，胡建成终于下了狠心，把那些用不着的材料一股脑儿全扔了，只留下一桌一椅一台计算机一本文件。整理完毕，他自叹“如卸包袱，顿感轻松。坐在干净整齐的办公桌前，如沐春风”，甚至还由此悟出了舍与得的哲学——生活也如此，简单一点更好。

竣工之期也是预算员们最忙碌和最头疼的时候，总结算的时刻到了。“亲兄弟，明算账”，在国人的词典里，“算账”有时就是一个不留情面、咄咄逼人的词语。因此，即使是天天算账的预算员们，每当遇到结算工作、要跟人对账的时候，也不免心里打鼓，乙方的预算员怕见甲方，分包的预算员怕见总包。当然，甲方也怕见乙方，总包也怕见分包，这个时候大家都巴不得离得远远的。

新加坡共和理工学院项目中一共配备了9个总包预算员，对于一个超过一亿新币的项目这已经算是非常节约了，然而从领导的角度来看，人员配备只会觉得多不会觉得少。不过总包预算员们也有自己减压的办法，他们使出“乾坤大挪移”，努力把担子转移给分包，“他们想控制分包，什么量都依靠分包的量，来向业主要钱，而没有好好自己去算量”。这就使得下面的分包们每天有算不完的量，苦不堪言，工地的建筑工加班尚且有加班费，而预算员们的工作并不奉行多劳多得的原则，领导要的是结果，过程慢反而会给他们一种效率低的感觉。胡建成一个人根本算不过来那么多量，只能依靠工长的量，然而这样报上去的结果总包预算员们却信不过。最终形成了分包按照自己的原则要钱，总包按照自己的原则付钱的怪异局面。

每当结算日来临的时候，分包的预算员就像三明治的夹心层一样，两头受到挤压。从分包的领导角度来说，当然希望你算的量、要的钱多，而从总包的角度来说，出于成本控制的角度，巴不得你要得越少越好，而且中建南洋总包的预算员们还有一套振振有词的理论，说账面入不敷出，所以能不付就不付了，反正是一家人，分包应该为总包分忧，简直让人哭笑不得。每次到总包那要账，对胡建成来说都是一次自尊心的摧残。

当然，分包预算员和总包预算员也有同舟共济的时候。对一个施工企业来说，最重要的就是竣工结算，简单来说就是向甲方要钱，而且这个钱离竣工时间越近越容易要，离竣工时间越长越不好要，甚至会变成坏账，所以竣工结算是事关施工企业生死的大事。这个时候，无论是分包预算员，还是总包预算员，都承受了很大的压力，他们没日没夜，焚膏继晷地加班算量。领导的心态也很烦躁，或许此时总包预算员们才会为平日对分包预算员的颐指气使感到愧疚和忏悔。

新加坡共和理工学院竣工的时候，包括胡建成在内的分包预算员和总包的预算员们一起，十几个人忙了一个星期，所做的工程变更反映在账面上还不到一百万元人民币。领导却下达了指示，要求先行完成五百万的工程变更，两个星期后必须报出去。大家叫苦不迭，但除了拼了命干没有别的办法。做变更索赔，必须有新旧图纸的对比，有相关咨询公司的确认函，以及双方来往的信件、电子邮件等记录，要做到有根有据，所以工作量巨大，况且很多中国公司不擅长文档管理，人员变动又大，无形中也给预算员们增加了不少困难。就这样，两个月的时间，十几个预算员做了上亿的工程变更。但是苦日子并没有结束，算出来并不代表能要回来，这上亿的变更到底甲方能承认多少还是个未知数。

国内工程预结算只要满足以业主指令的实际发生为前提，做到“不漏算，不重复计算”即可。而新加坡非常注重工程计量的分类。业主要清楚合同中的每一个单体工程的概算执行状况，以及超出概算的详细原因，每一项实际支出要与原概算一一对应。因此，对工程分类有严格复杂的且是动态调整的要求，具体的分类以业主的造价咨询公司为主进行确定，并非以有利计算划分、方便预结算为前提，特别是对于设计变更索赔范围和界限的划分会直接影响到结算计量能否顺利进行。

国内的预算员主要靠动手，新加坡的预算员还要会动口。结算时，一旦双方对变更的理解产生分歧，势必卷入艰苦的舌战中。何况代表甲方的是日本咨询公司，咨询公司的信誉是建立在替业主精打细算的基础上的，成本控制越好越有市场，而日本人做事向来又以认真严谨出名，甚至刁钻苛刻，跟他们打交道注定不会轻松。

果不其然，2007年4月14日，胡建成和其他预算员们去咨询公司谈结算，整整谈了一天，一直谈到晚上七点半，进展很不顺利，上亿的变更，只谈了30%。剩下的根本谈不下去，每个预算员都谈得口干舌燥、头大如斗。光一栋楼的砖墙，就谈了三个小时，还没达成一致意见。咨询公司的预算员深谙谈判战术，故意拖延时间，消耗对方的耐心。而本方的领导却早就失去耐心了，一直催着手下的预算员们早点了断拿到钱。可是这种情形下你又不能妥协，妥协了钱拿得少了，对于公司是一种损失，对于同事是一种不公，对于自己来说又很容易成为大家指责的对象。

为此，胡建成决定沉下心来，在逆境中磨炼自己的恒心。他说：“恒心是最可贵的，最简单的道理却是最深刻的，从小就说要持之以恒，但就是做不到，如果从小就能坚持一样事情，我想现在的成就就很大了。”

不管怎么说，到新加坡后参加的第一个工程就是新加坡共和理工学院这样一个大项目，对于胡建成来说是一件非常幸运的事情。在这里，可以从更全面的角度去认知一个大型的施工项目所涉及的工作，所需的人员配备以及要面对的问题。这种视野是普通项目的预算员很难接触到的，是会让你终身受益的经历。胡建成认为自己在新加坡共和理工学院项目最大的收获有两点，一是在住工地的日子里，积累了丰富而扎实的现场经验，了解了施工工艺，熟悉了施工方法和流程，明白了内部承包制如何运行；每个月与工长核算成本，理论联系实际，掌握了各种定额，深入了解了工程预算成本的控制。二是配合总包报价和结算，与第三方咨询造价师核对工程量，通过资料的查找，对合同解释的依据和规则的理解和把握，以及与业主方造价咨询顾问公司的谈判，提高了专业能力，拓展了眼界。

6

笼中振羽欲何处 头上长天是吾乡

当一个总包预算员，面对几十个分包和供应商，虽然没有决定权，但有否决权，可以设置障碍，很多人就是利用这种权力来为己谋私，但胡建成没有这样做，他把人品放在了第一位："我尽量做得公正，做得专业化，我赢得了分包和供应商的尊重，这也是我以后一下子承接那么大的项目，他们对我支持的原因。"

总包预算，全面提升

新加坡共和理工学院项目进入收官阶段，胡建成因竣工结算缘故，回到总部办公室里工作了一段时间，但他发觉这里宁静而又拘束的气氛似乎不再适合自己。两年工地生活，已经让胡建成喜欢上了工地的自由气氛和草莽气息。在工地上，“你可以随便翘脚，可以大声说话，可以任意走动，坐累了可以去现场看看，饿了可以去餐厅吃点心、喝咖啡。上下班可以不正点，有事可以说一声就出去，而不用请假。忙的时候，可以熬夜，可以加班，可以在雨中走现场。闲的时候可以在办公室吹牛。”那边只要你能保证工程的顺利进行，其他的没人在乎，但回到总部办公室就得受到约束，规规矩矩，正正板板，以至于胡建成竟然“盼望着下一次折腾早点到来”。

折腾很快来了。2006年底，胡建成告别新加坡共和理工学院，搬往下一个工地——万礼工业厂房，新的职位是总包预算员。作为总包预算员，熟悉合同和范围，掌握技术规范，寻找专业分包和供应商，进行分包合约的谈判，制定分包合约，管理施工成本，在合理规则及法律法规的允许下为甲方争取最低成本，为乙方争取最大利润，研究合同双方的权利和义务，深入理解各种条款，这些都是自己该努力追求的。

胡建成曾怀着批判性的眼光审视过新加坡共和理工学院项目的几个总包预算员，现在他走上了这个职位，当然不愿意变成自己厌恶的样子。在和分包交关时，胡建成致力于量上把关的公正。在计算、核对分包的工程量上，他实事求是，既不多给，也不乱扣，多算的要扣除，少算的也要补上。他不厌其烦地帮分包计算底稿，认真核对，尽量做一个专业的预算员，既为总包负责，也为分包考虑，不偏不倚，其道大光，赢得了双方的尊重。

总包预算员的另一个重要职责是帮助公司选择材料供应商，每一个工种找三个供应商来对比，从中择优录用，虽然最终供应商的决定权并不在预算员手上，但总包预算员的推荐也是不可忽视的。新加坡是一个法治至上的国家，不管是供应商还是承包商，都不敢轻易越过雷区。

胡建成作为总包预算员和供应商打交道的时候不仅不会为难人家，而且总是尽自己所能予人方便，赢得了很好的口碑。比如在处理付款文件时，他就尽力简化付款的流程，尽快把款项出给供应商，有时还要帮供应商追支票，向总部申请加快付款进度。由于他的热诚，供应商们对其十分信赖，胡建成也因此结识了一些好的供应商，后来成为创业时候的合作者。租发电机等机械时结识的Aktio后来在胡建成创业时给了他很大的支持，答应让他支付完第一个月的款项后，从第二个月起就可以先欠着，缓解了胡建成的资金压力。卖模板辅助材料的Richee Engineering的一个负责人后来更是跳槽到胡建成的公司，当他的项目负责人，帮他打天下。

当一个总包预算员，面对几十个分包和供应商，虽然没有决定权，但有否决权，可以设置障碍，很多人就是利用这种权力来为己谋私，但胡建成没有这样做，他把人品放在了第一位：“我尽量做得公正，做得专业化，我赢得了分包和供应商的尊重，这也是我以后一下子承接那么大的项目，他们对我支持的原因。”

新加坡的工程预算员相对于国内更要熟悉招投标业务。而胡建成在新加坡共和理工学院项目作为分包预算员并未接触这块业务，直到万礼厂房项目，他调到总部才开始负责投标。他认真比较国内与新加坡的投标模式，发现彼此工程招标在业主性质、投标方式、投标过程、投标程序、评分标准上都存在着很大的区别。有些企业自以为在国内做得很好，到了国外依然自行其是，结果引火烧身，可不慎欤。

从业主性质看，胡建成发现新加坡大工程有很多私人大项目，而要拿到这样的项目，更要注意与业主的接触。后来胡建成创业初期成功承接了很多私人项目，便得益于这样的认识。

从投标方式看，有别于国内的图纸审批完再招标，新加坡的很多企业只是概念设计或者只出建筑平面图就开始招标，而施工图纸需要建筑商自己设计。概念设计偏向于战略，施工设计偏向于战术，战略如果有问题，战术再好也难以发挥出来，方案设计给后期施工图埋雷是常见的。因此，胡建成看到新加坡相对国内更注意招标对图纸的理解及对设计的变更，跳出工程师的视角，从更宏观的角度审视图纸的重要性。

从投标过程看，新加坡的投标，除了自营的一部分项目外，其他项目都需要各分包帮助报价，不同的分包商报的价格差距很大。如胡建成所在的公司，都需要别人帮助报门窗、油漆、吊顶、防水等。新加坡的工程，既按栋号进行分包，也按专业工程进行分包，而且分得很细，每个分包商都是独立注册的专业公司。当总包预算员使得胡建成有机会深入了解各色各样的分包，为创业后自己投标奠定了坚实的专业基础。

从评分标准看，国内一般是合理标价中标，即有一个标底，过低过高都是废标。有点像音乐比赛，去掉最低分和最高分。新加坡评标，基本上先录取最低的三名，进行询标，然后再确定，一般是最低价中标。价格高了中不了标，价格低了又存在许多弊端，比如工程数量（设备）漏算、工程漏项而引起施工亏损，而新加坡政府的执行力是一流的，中标后嫌没赚头想一走了之，除非破产倒闭。因此，胡建成也深刻认识到了中标有风险，投标需谨慎的道理。

好的开头是成功的一半，这句话放在工程投标上一点也不为过。胡建成对新加坡工程招投标制度的细致观察和思考，无疑对日后创业能从源头上站稳脚跟有很大的帮助，所谓有备则不乱。

2007年年中的时候，由于彭珍娟怀孕，胡建成为了让妻子更好地休养安胎，于是送她回国，由岳父母照顾。妻子不在身边的日子，胡建成又搬回了工地的集装箱宿舍。刚回工地那几天，他差点被一台脾气暴躁的空调弄出神经衰弱。这个空调很智能，当室内温度达到20摄氏度后，它就自动节能休息了，过一会儿，温度上升，又突然运转起来，发出的声音堪比拖拉机，可以把人从梦乡拖回来。不开空调太热，开空调太吵，胡建成被折磨得够呛。

不过很快胡建成又回到了工地那种简单快乐的生活中。他和万礼项目的副项目总代表苏冰朝夕过从。每天早上，胡建成早起煮粥，苏冰炒土豆丝，一起享受可口的早餐。晚上，两人把食堂打包的饭再加工成炒饭，加个小菜，喝一罐青岛啤酒，然后天南地北地一顿吹牛，倒也逍遥自在，好比羲皇上人。每周二、四晚，哥俩一起去上英语课，课上偷偷评点美女，回来一起煮方便面。

然而，2007年底的时候，苏冰去他国发展，胡建成送别好友离开机场，蓦然间发现身边少了一位可以交心的朋友，多了一份落寞。此后，离别的笙箫不断奏响，眼看着不少共事的朋友一个个另寻高就。那时美国的次贷危机已经愈演愈烈，但还没有波及新加坡，新加坡的建筑市场一片欣欣向荣的景象。由于需求旺盛，建筑人才的待遇也水涨船高，很多同事一出去就能找到比原来薪水高出一大截的工作，甚至直接翻倍，在这样的诱惑下跳槽成风。

何去何从，胡建成开始思考起自己的未来。

职业瓶颈，何去何从

新加坡是一个以稳定而著称的国家，这里连气候都很稳定，全年的高低温度相差无几，一年四季气候基本一样。虽然风云变幻多有不测，但都是小打小闹，无碍大局。午后走在路上，“噼里啪啦”地突然来了阵雷雨，不用担心，一般很快就完事了，随时雨过天晴，当地人也早就见惯不惊了。

新加坡的社会稳定靠的是世界一流的法治。因为法治能够确保国家的稳定性及可预测性。这也是不少富豪投资、移民新加坡的原因。

“新加坡人的衣食住行都有政府管着，就如生活在父母的怀抱里，虽然有许多约束，但还是幸福的。”这是胡建成研究了新加坡的衣食住行之后得出的结论。但这种制度下的舒适和稳定，也导致新加坡的阶层固化严重。在新加坡，还没等考大学就开始分流了，大多数人的选择是安安分分地学一技之长，工作几年结婚生子，靠着公积金买上组屋，过上安逸而又平凡的生活。新加坡奉行的是精英治国的路线，但是国家并不需要这么多精英，精英过剩反而容易引发政治动荡。在新加坡相对公平的环境下，一个像胡建成这样名牌大学的毕业生靠着自己的努力过上衣食无忧的生活并不难，但如果想出人头地那就另当别论了。

对胡建成而言，当时的处境还叠加着第二层束缚，中国国企的体制甚至比新加坡社会更加稳定，公司内部的各种秩序和等级井然，年轻人想迅速突围难度很大。此外，胡建成所在的分公司同总公司之间又多了层隔阂，爹不疼娘不爱，上升途径更是狭窄。这样看来，似乎在公司的职业前途已经碰到了天花板，“To be or not to be, that is a question.”，胡建成像哈姆雷特一样追问着自己的灵魂。

既然前进阻力重重，那么退一步是否海阔天空？混得不好大不了回国去，这是很多闯荡海外的年轻人都会有的底线思维，但胡建成渐渐发现这条路也未必像自己想象中那么简单。

工地的生活千篇一律，每天简单地复制粘贴，“来到新加坡后，一个星期工作6天，一天工作11个小时，还要无条件服从加班，基本上所有的时间都花在工作上了。在工地上，彩钢板一围，吃喝拉撒都在围墙内，围墙内的生活和围墙外的生活判若两样”。在这种环境中，你的圈子和思维越来越窄，很难跟得上社会的变化。

更让胡建成忧心的是，中建南洋在新加坡的管理经验和施工技术还不如国内公司，待的时间越长越觉得赶不上国内的发展，越害怕不适应国内的理念。事实也是这样的，新加坡的工程都是分得非常细的，以至于你以后想回国发展的话，没有延续性，很容易产生职业脱轨。

2007年4月的一天，胡建成听刚探亲回来的原单位同事说起国内的发展情况，同事说他原来所在的国内项目部预算员都能挣到年薪10万元人民币了，项目经理15万元人民币左右，一年能攒下的钱不比他们在新加坡少。此外，同事还不停跟胡建成讲述国内发展如何如何好。

说者无意，听者有心，胡建成突然有种被社会淘汰的感觉："我虽然在新加坡，听起来在国外感觉不错，但接触的人和事，社会的发展环境，已经跟不上中国的发展了。很多同事回国探亲，都被国内的朋友嘲笑说太土了，不管穿着还是谈吐。看来自己还未到'而立'之年，就要被淘汰了。"

除了职业上的困惑，人际上与国内的疏离也增加了胡建成的压力，"整天工作在工地，接触的都是工长、工人和客户，因此两年来没什么能说真心话的朋友，除了工作的同事，平时休息时间都是躲进小楼上网、看碟。虽然新朋友没怎么增加，家里的老亲戚、老朋友却疏远了不少"。

胡建成上高中之后，父母年纪大了不爱串门，哥哥又外出打工，因此村里的红白喜事，春节给亲戚拜年，往往由他全权代表。虽然这些人情世故常常让胡建成疲于应付，特别对于一些俗套的应酬更是打心眼儿里感到厌烦，但这些又是中国人的情感纽带里不可或缺的。在海外的这几年，连春节上门拜年都去不了，固然是一种解脱，然而也带来了副作用，有些亲戚能体谅，但有的亲戚却不乐意了，认为你出国了，眼光高了，看不起人了。

还有的亲戚觉得胡建成在国外肯定挣大钱了，把他当成了财主，平时无事不联系，偶尔打个电话嘘寒问暖准是缺钱了，"这个亲戚生病了来借钱，你给了，那个亲戚小孩上大学也来借，也得给。即使你没钱，你也不能不给，否则他会说你借别人为什么不借他，况且他们不相信你没钱"。胡建成暗暗感叹自己是在新加坡搬砖，不是开矿。

在新加坡生活的不如意和有家难回的苦闷成了胡建成早年在新加坡生活的主旋律，特别是每天晚上躺在床上，妻子又习惯性地唠叨着想回家，想念父母，问他什么时候才能回家，胡建成的心里就更加愁闷了：“我又何尝不想回家呢。当然想回国了，想念国内的五天工作制，想念国内的工作方式，想念国内的家人朋友，想念国内的新房，但每当想起国内物价飞涨，竞争激烈，沉重的房贷，我又怕回国。不是我不想家，而是有家不能回。”

“飘飘何所似，天地一沙鸥”，中建南洋时期的胡建成就像一只在空中盘旋徘徊的鸟儿一样，找不到自己落脚的地方。住集装箱的日子，每当雨季来临，雨点敲打着铁皮屋顶，嘈嘈切切，伴着轻重缓急，下得缠绵悱恻，如泣如诉，如怨如慕，于是，无限伤心一起涌上心头：“不喜欢这里的工作，时间太长，心太累，但为了生存我必须坚持。不喜欢这里的生活，没有亲戚朋友，没有房子，没有生活的乐趣，为了这份工作，我必须待下去。”狮城的雨总是下下停停，欲言又止，欲说还休，剪不断，理还乱。

这段时间胡建成变得多愁善感，像是活在王国维《人间词话》的“有我之境”中——“以我观物，故物皆著我之色彩”，看见雨中的小草，他会替草伤心：“小草哭着脸说，是啊，我们也想茁壮成长，但是我们长在细沙上，没有土壤，也就没有了根，不能长高啊。”看到市场的鸡鸭，他会为之伤感：“没有了翅膀，生活就不能飞翔。就如家禽，早已经退化了飞翔的本领，每天甘心去固定的食槽里啄食，忘记了自己也有翅膀，也可以像雄鹰一样在天空里翱翔。”

羽翼丰满，蓄势待飞

2007年4月，胡建成申请的新加坡绿卡批下来了，他成了一名新加坡永久居民。然而，拿到绿卡，胡建成的第一反应不是欢欣鼓舞，而是"稀里糊涂"。他甚至有点忧过于喜的感觉，成为新加坡永久居民意味着要开始交公积金了，而中建南洋的公积金都要自己出，第一年要扣9%，第二年14%，第三年33%，这样以后每个月实领的工资都要缩水了，他不禁担心以后会入不敷出。

新加坡的中央公积金制度设立于1955年，其初衷是为就业者建立一笔养老储蓄金，但是经过几十年的发展，它已成为可满足养老、购房、医疗保健、教育等多方面需要的社会保障制度。公积金由新加坡中央公积金局统一管理，资金主要用于购买政府特别债券（SGSS），其中部分用于征用土地和向建屋发展局提供贷款，建屋发展局再用所得资金和土地建设组屋，并向公民提供贷款支持组屋购买。

新加坡实行较高比例的强制储蓄公积金制度，起到了较强的社会保障作用，成功实现了"居者有其屋"的梦想。这也是胡建成初到新加坡最羡慕的地方，他看到组屋“规划有序，因地而建，自然亲切”，不仅价廉而且物美，摇头叹息道：“每当想起上海的房价，只能沉默无语。”交上公积金意味着在新加坡向有个家的梦想迈出了坚实的一步，然而，那时胡建成申请绿卡的目的不过是为了妻子换单位比较方便而已，压根还没有在新加坡永久居留的念想，因此每个月拿出这笔钱就有些心疼了。

不过形势的变化往往出人意料，就在胡建成拿到绿卡之后的第二个月，妻子怀孕了。2007年的一个晚上，彭珍娟突然在半夜惊醒，说是有只毛茸茸的东西咬手背，被甩出去了，两人赶紧开灯一看，还真有三个齿印深深嵌在手背上，且留有血痕。第二天一早夫妻俩一起去看医生，彭珍娟怀疑自己有孕，怕药物有副作用，特意叫医生做了检查，结果真怀孕了，两人都喜出望外。

但接着问题来了，跟人合租的环境不利于妻子养胎，孩子出生后更不适宜和其他人共同生活在一个屋檐下。那么孩子在哪里出生呢？如果在新加坡，就要考虑单独租一套房子甚至买房子，这样还能把父母接过来，一家人可以团聚，宝宝也可以在完整的家里出生。但是费用太高了，目前还不是工薪阶层的自己所能承受的。如果把妻子送回上海由岳父母照顾，当然可以放心，然而夫妻俩得分开一段时间，孩子在肚子里的岁月，将听不到爸爸的声音。

胡建成为此在心里斗争了好一段时间，最终还是选择了后一种方案，毕竟主观上的困难比客观上的困难要好解决得多。然而，当他离开上海返回新加坡，在浦东机场跟妻子告别时，虽然表面很坚强，还嘲笑对自己千叮万嘱的妻子儿女情长，但转过身来，眼眶里早已噙满泪水。

回到新加坡后，胡建成进入生活了两年的房子时，看见满屋的衣物依旧，人面却不知何处去，此后的日子，无人与己立黄昏，无人问己粥可温，顿时有一种被全世界遗弃的感觉，孤寂犹如潮水般涌来。胡建成收拾着房间，脑海中止不住像放电影一样回想起妻子在家时的一幕幕，心中凄恻不堪。晚上他给妻子打电话，电话那头，妻子也泣不成声。这一晚，胡建成泪湿枕巾梦不成。接下来的日子，他选择逃离那个房间，住到工地上，以免睹物思人。

妻子的肚子一天天大起来，胡建成的压力也跟着孕育成长。电话里听妻子兴奋地说宝宝总是踢她的肚子、非常淘气，胡建成心里也是暖意流淌，但他也不停地扪心自问，自己以后要做个什么样的爸爸呢？穷爸爸还是富爸爸？一番天人交战之后，胡建成给出的答案是贫富并不妨碍自己做一个好爸爸，但一个好爸爸肯定会努力让自己的孩子生活在"完整"而温暖的家庭："宝宝来到这个世界上，最重要的是要给他完整的'家'。虽然结婚三年以来，我们分多聚少，但这些年来的分别更让我认识到家的温暖和重要，也让我知道家是一种感觉而不是一个地方。无论我们生活在哪里，只要我们三个在一起就是一个家。我们要给宝宝一份完整的父爱、母爱和家庭的爱。"

2007年12月下旬，胡建成请假回上海，陪伴在待产的妻子身旁。12月27日，在产房外面等了7个小时后，胡建成终于听到孩子呱呱坠地的哭声。迎接新生的喜悦足以穿透现实的混沌，让人看到更远的未来。为了给孩子取一个好的名字，胡建成翻起了《论语》，看到"见贤思齐，见不贤而内自省也"之句，他眼前一亮，就取名"思齐"吧！是的，当一个人外在能够不断向更优秀的人学习，内在懂得不断反省提升，那么还用担心未来吗？来到新加坡的这三年，胡建成虽然一无所成，尽管他对公司的环境、个人的处境很不满，但是他从未停止过外学和内省。

悬崖上的苍鹰，羽翼已经丰满，但要真正展翅高飞，还要克服那纵身一跃的恐惧。这一跃之后，或者粉身碎骨，或者鹰击长空。所以，更多人宁愿永远在地上走和跑，也不愿飞起来。现在，对新生的希望，对家庭的爱，对自我的期许，渐渐形成了一股巨大的合力，推动着胡建成最终做出那悲壮决绝的一跃。

7

经商无准非常道
创业有绳不易心

坐在剃头椅上，看到头发纷纷掉落，胡建成的心里是忐忑不安的，怕剃出来后没有脸去见同事。不过，等剃好了以后，对着镜子一端详，竟然感觉不错，由于近几年身体发福，脑袋变大，天灵盖没有那么突出了，看起来还挺和谐的。而且这个寸头居然剃出了动漫的感觉，有人还夸这个发型蛮可爱的。剃头让胡建成剃出了顿悟：人生有很多的变数，只要我们有勇气，一切都可以从头开始。

创业伊始，两头奔跑

2008年初，胡建成被“猎头”盯上了。这个“猎头”其实是胡建成的老同事，名叫丁四林，高级工长出身，他曾和胡建成在新加坡共和理工学院共事过，当时他是个做装修的现场经理。丁四林告诉胡建成，外面有一个做劳务中介的老板准备组织人员开建筑公司，他虽总管现场，但不懂预算报价，也不懂英语，需要一个这方面的帮手，问胡建成愿不愿意加入，成为合伙人。

丁四林所谓的劳务中介老板名为李占存，李占存从事的是劳务中介，也就是帮人介绍工作。新加坡的劳务中介公司甚至比建筑分包商还多，只是在人力部注册的就数以千计。很多公司其实就是一张桌子两把椅子，一个老板兼业务员，一个文员，门槛很低，竞争非常激烈，想做大很难。而且中介公司的生命周期普遍不长，特别是随着新加坡外劳政策的收紧，工作准证批不下来的事情时有发生，退押金影响利益，不退押金影响信誉，进退两难，很多中介公司都没有长远的打算，赚一笔是一笔，得过且过。

李占存自然也看出了劳务中介这条路越走越窄，“道可道，非常道”，常道既然不好走，那就换条道走。长期跟建筑业打交道，李占存早已看到建筑业市场的发展机会，嗅出市场的味道，那么多公司要工人，自己有工人资源，如果又能成立一支建筑施工队伍，两边都赚钱，岂不是美事。建筑承包比劳务中介利润大多了，看到认识的不少承包商腰包鼓起来的速度远快于自己，李老板即使修道多年，定力超人，也难免沉不住气。

只是中介跟人打交道都是短暂性的，目光短视，这种习惯一时很难更改，也给未来公司的发展埋下了先天的隐患。不过这是后话，且说胡建成接到这一邀约的时候，心里还是满怀顾虑的，中建南洋预算员的工作虽然不如意，但是公司是条大船，扛得住风浪，而这种刚刚成立的无经验、无实力、无资本的“三无”公司，好比一条小舢板，一不小心就得翻船。尽管对方答应给胡建成10%的分成，还有4 500新币的月薪，这可比中建南洋的收入高出了一大截，只是这钱能拿多久甚至能不能拿到都是未知数。

这事儿如果早两年，胡建成或许不会答应。但现在他加入中建南洋四年合约即将期满，眼看自己上升空间狭小，离职业生涯的天花板越来越近，老婆和孩子又远在国内，眼前的路似乎就是两条，要么朝前走，创业，要么往后退，回国陪老婆孩子。考虑自己马上就30岁了，胡建成更希望搏一搏。

罗曼·罗兰说：“大多数人二三十岁已经死了，他们成了自己的影子，不断重复着自己。”塔勒布说：“普通人从30岁就开始衰老死亡了。”一个人一旦过了30岁，很容易变得畏手畏脚起来，纵使有远航的梦想，也会因为害怕海上的风浪而不愿扬帆，于是日复一日，重复着以前的自己，在安逸与平庸中度过一生。接近而立之年的胡建成已经意识到了这一点，所以他在辞职前写下了这样一段宣言：“四年来外部环境变化很大，而我还是一个小小职员，但我心里有梦想，我会守护着那份梦想勇敢地去闯。虽然有些东西需要天赋，需要外部环境，是不可以强求的，但我想只要去努力，就会有希望。就让我抓住青春的尾巴，再搏一次吧。”

生于中国改革开放之初的胡建成有幸成长于一个快速变化的时代之中，这样的时代是为年轻人准备的，因为年轻人热爱变化。生活在快速变革时代的年轻人会有很多创业的机会，也会遇到很多改变自己命运的机会，但这里有两种倾向是很危险的，一种是急躁冒进，觉得自己无所不能，觉得机会无处不在，哪怕自己压根不熟悉的领域也要拼命往前冲，结果撞得头破血流。一种是保守观望，不敢冒风险，不愿舍安逸，就像一个想要学游泳又害怕呛水的人一样，最后永远学不会游泳。

“年轻人既要看清各种发展趋势，又要脚踏实地，过好每一天，珍惜眼前的工作。四年的工地生活，带给我踏实肯干、实实在在的工地现场经验，也为我管理整个公司打下了基础。”四年中建南洋的预算员生涯，让胡建成对新加坡建筑业的运作有了深入了解。务实专注，坚持在自己熟悉的领域内耕耘和提升，也成了后来他创业成功的一个关键。

有了这种坚定的信念，即使日后在建筑业面临困境的时候，胡建成也未曾动摇初心，遇到困难的时候他常这样自我解嘲：“要不转个行业，换个江湖再战？那26个英文字母组成的单词，怎么学也学不会；那些0和1组成的虚拟世界，网络营销，也弄不明白是什么情况啊；那些K线、指数、财务分析报告，花花绿绿也看不懂。在这世上，没有随随便便就能成功的行业，除了‘搬砖’，真不知道自己还会干点啥。”想到此处，胡建成更坚定了在建筑业坚守一生的决心。

当然，可能还有更多人觉得自己还年轻，可以等待更好的机会，或者犹豫不决，让机会稍纵即逝，再回头已是往者不可追。很多人选择观望和等待，往往也是因为不愿意跳出眼前的“舒适区”，当一个人在某一行内工作几年后，很容易进入“舒适区”不可自拔。比如工程预算员，最难的就是开头那一两年，各种门道都熟悉了以后，越算越得心应手，这个时候再考虑转行就有点舍不得了，特别是创业这样的高风险的决定更是要思量再三。

所以，要想创业成功既要在自己熟悉的领域开展，又要敢于跳出自己熟悉的业务范畴，这里面的辩证关系的权衡考验的是一个人的眼界和勇气，也是年轻的创业者们所应该明白的，要敢变，也要会变。

新公司叫尚德建筑，除了李占存和他的妻子牛经理，以及丁四林外，另一个股东叫白修明，是新加坡赫赫有名的源美建筑（Guan Bee Construction）的二公子，该公司曾在新加坡金融中心有一幢30多层的大厦，名为GB Building，可见实力非凡。然而受到1997年东南亚金融危机的影响，到2000年前后，公司出于各种原因结束营业。不过，白氏家族深耕建筑业多年，在业界具有很好的人脉资源，李占存也是看重了这一点，邀请白修明加盟，负责公司的市场开拓。

接到这份邀约时，新公司还在筹建阶段，于是胡建成一边继续在万礼工业厂房做总包预算员，一边利用业余的时间帮新公司做事，负责投标、预算、签订合约和索要工程款等事务。公司试运行阶段承接了一个小小的瓦工活，帮一所学校贴瓷砖，虽然这是一个体量小得不足为道的活儿，但对胡建成却别有一番意义，这是他在这家公司完成的第一个项目，第一次接洽、第一份标书的敲定、第一份合同的签订、第一个工程的进场、第一批工人的接待、第一次项目资金的回收。这也是胡建成独自承揽工程的开始。

2008年5月，彭珍娟带着女儿来到了新加坡和胡建成团聚。由于妻子一时还没有找到工作，为了节省开支，夫妻俩并没有马上选择租房，而是凑合着一起住在了工地的集装箱宿舍，一个集装箱隔一半，一张铁床，一个空调，一张桌子，六个多平方米，就成了他们在新加坡的家。“试想工地的环境，一大帮工人和工长，都是男人，妻子和女儿生活其中，滋味可想而知”，对妻子女儿当年跟着自己受的委屈，胡建成至今仍然耿耿于怀。后来彭珍娟去了前同事俞洵的公司上班，夫妻俩便搬出来，在盛港的组屋租房。胡建成之所以租房在盛港，也是考虑这里离尚德建筑比较近，利于自己创业。

就这样到了7月中旬，胡建成正式向中建南洋请辞。领导见他心意已决，便也不再强留，只是提出一个条件，希望他把ISO管理体系审核完再走。新加坡政府主管部门对工程质量的监管十分严格，新加坡建设局除了对工程质量进行检查、评定并采取相应的奖罚措施之外，还大力推行ISO 9000认证方案。自1999年7月开始，所有取得A1、A2、B1和B2资质的承包企业以及参与项目金额大于3 000万新元的政府工程的顾问公司都必须取得ISO 9000认证证书，否则不得从事相应工作。此外，新加坡建设局还颁布了 ISO 14001环境体系和OHSAS 18001安全卫生体系，分别在环境和安全方面进行相关认证。

ISO 9000认证事关公司的生存与发展，胡建成义不容辞，答应把这项重要的任务完成再离开，毕竟这也是自己工作过四年的公司，于情于理他都希望公司有更加美好的未来。

提交辞呈那一天，胡建成坐在办公室里百感交集。熟悉的环境、熟练的工作、熟悉的面孔，都让他感到留恋和不舍。有一份稳定的工作和安逸的生活，这是多少人所努力追求的目标，但他必须跳出舒适区，“辞职是一种无奈，选择了辞职，就是告别自己的过去，选择改变工作，从而改变自己”。未来充满变数，胡建成感到自己肩上的担子一下子重了很多：“前面的路风险很大，压力更大。所有的收入，都要靠自己去赚。不仅要养活自己，还要养活公司的其他人，更要让股东们赚钱。”但他下定决心，“既然踏出了第一步，就没有回头路”。

接下来的一段时间胡建成不得不一心三用，既要做万礼工业厂房项目总包预算员的交接工作，又要忙碌自己所在的中建南洋结构子公司ISO 9000体系认证，还要操心新公司的事情。以往他习惯了住在工地的生活，不需要早起，也不需要赶路，中午还能睡一个小时的觉。如今，天天要背着计算机，换着地方去上班，来回奔波，十分辛苦。有时候三件事情挤在一起，时间上难以排开，天天在家里加班到深夜，连妻子都在“控诉”他睡得那么晚，他感叹道：“时间有限，而工作无限。只能在有限的时间里，提高工作效率。赶快适应新的快节奏的生活，适应忙碌而烦琐的体系。”

最麻烦的是，公司的ISO 9000体系、ISO 14001环境体系和OHSAS 18001安全卫生体系平时都没有人做，很多资料只好临时抱佛脚整理出来。这让胡建成头疼不已，生怕过不了关，审查的时候，一接到电话就提心吊胆。所幸，有惊无险，也算是自己对公司最后的奉献。

以信相托，不诚则离

“很多事情，在于过程的美丽，而不是结局。是对也好，错也罢，重要的是在磨炼中锻炼自己，丰富自己的阅历。”胡建成怀着一份浪漫到尚德建筑，开启了自己在新加坡的第二份工作。新公司管理层虽然由5个人坐镇，胡建成在其中最年轻，资历也最浅，但却是实际工作的主要负责人。

然而，万事开头难。作为一家新成立的建筑公司，想要一创业就拿到好的项目难度是非常大的。在新加坡承包工程，一看信誉，二看资质，三看标价。而新公司既无信誉也无资质，没有相关的工程施工经验，根本无法赢得客户的信任。胡建成最初的打算是从建筑装修入手，一是投资比较少，风险也较小；二是项目比较容易；三是管理人员也比较擅长装修，丁四林原本就是负责装修的项目经理。于是，胡建成一直在寻找比较好的装修项目，来开启公司正式开张后的第一个项目。

正在胡建成为找项目焦头烂额的时候，一个意外的惊喜来敲门了。李占存长期从事劳务中介，认识不少建筑公司，其中就有中国长城建筑公司（以下简称中国长城），正好中国长城有个结构工程，由于价格比较低，盈利空间小，再加上公司本身业务比较多，人手不足，想整体分包给尚德建筑。

新加坡的工程本身就是低价中标，再这么一转包，利润更薄，风险更大，但作为新公司没得选择，挑三拣四也得看自己有没有那个实力。考虑中国长城毕竟是个成立于1996年的老公司，有十几年施工经验，员工规模上千，属于分包中的头部企业，已经形成了一套自己的管理模式，也有一定的市场客户，这些都是新成立的尚德建筑所缺乏的。而且该项目是地处新加坡滨海湾的43层高级公寓，有点像地标性的建筑，如果公司第一个正式的项目由此开始，有利于树立形象，将来开发市场时会是一个很好的宣传资源。

经过多方面的研究和成本测算，胡建成和股东们决定接下这个项目，合作方式确立为中国长城负责与主包韩国现代集团的沟通、协调，尚德建筑负责现场的管理和运作，于是很快就召集起一支四五十人的施工队伍，开始进场干活。

胡建成希望通过这个合作项目，公司可以培养一支自己的施工队伍，形成自己的一套管理模式。而且有了第一个项目，就可以带领客户过来参观、考察，比较容易拿到第二个项目。该项目承接后，一下子进来四十几个人，胡建成既要帮忙组织工长，又要负责员工培训和组织管理体系。这是胡建成第一次独立带队，因此他对尚德建筑的施工队伍很有感情，也为日后华庭建筑把项目承包给尚德建筑奠定了合作基础。

那个时间段的胡建成真是踌躇满志，入职新公司后很快中秋近了，他代表公司到处给客户送月饼，希望送出的这份心意能对下半年的业务开展有所帮助，获得更多项目，使得公司的发展蒸蒸日上。

为此，胡建成甚至改变了自己长年以来的发型，剪短了头发。上小学的时候，电视里播放《济公活佛》，济公成了小朋友们的偶像，一时小光头很流行。胡建成也心里痒痒，向父母申请后，剃了个光头。原来以为可以炫耀一番，结果惨不忍睹，由于他头型不圆，天灵盖比较突出，反而被同学们嘲笑，以至于在头发长长之前，只好天天戴帽子上课。从此以后，胡建成心里就落下了阴影，再也没有剃过短头发。

直到创业后，胡建成才鼓起勇气,想换个发型，在妻子的支持下剃了个“寸头”。坐在剃头椅上，看到头发纷纷掉落，胡建成的心里是忐忑不安的，怕剃出来后没有脸去见同事。不过，等剃好了以后，对着镜子一端详，竟然感觉不错，由于近几年身体发福，脑袋变大，天灵盖没有那么突出了，看起来还挺和谐的。而且这个“寸头”居然剃出了动漫的感觉，有人还夸这个发型蛮可爱的。剃头让胡建成剃出了顿悟：人生有很多的变数，只要我们有志气，一切都可以从“头”开始。

然而，一开始的这种兴奋和期待很快被各种不顺和不安冲淡了。计划的时候，大家都干劲十足，但真的到了工作开展以后，彼此却相互推诿。一个公司想长远发展，不仅要靠干劲，更要靠制度和文化，可是尚德建筑成立一段时间后仍然是一盘散沙，各自为政，看不出制度建设和文化建设上的可行性。身边的同事看起来只在意目前赚钱的这个过程，而没有几个人有长远的考虑，打算在公司建设上下功夫。公司最大的优势在于人力，可是现在只有量而没有质，招进来的工人很多达不到要求，以至于接了第二个项目，即九鼎的学校装修项目后，由于没有自己的装修工人，胡建成只好转包给一个以前认识的分包。

胡建成从2008年8月底正式加入尚德建筑，到9月底辞职，只做了一个月。下了那么大的决心从中建南洋辞职，在新公司居然只干了一个月，怎么也说不过去。可是，这个月发生的一件事情却让胡建成看到了这家公司存在的致命缺陷，“当断不断，反受其乱”，当你走错方向的时候，及时抽身而退是一种最明智的选择。尤其是在迷途未远的时候，这个时候付出的代价是最小的。

这件事情是，在一个装修项目付款后，李老板竟然叫人收集胡建成所算的所有图纸、计算书，找外面的预算员核查。胡建成知道这件事之后，顿时寒透了心，他想到自己从头到尾全心付出想打拼一番事业，帮其投标拿项目，算量要工程款，结果不仅没拿到任何回报，最后连信任都得不到，简直让人失望透顶。公司还没盈利就开始疑心，相煎何太急！在胡建成的理念中，既然一起创业，彼此肯定是要以诚相待的，以信相托，不诚则离，不信则分。

虽然加入尚德建筑创业只有短短的一个月，但胡建成也在入与出、进与退之间进行了一番上下求索，特别是在舍与得方面更别有一番心得，也算“失之东隅收之桑榆”，他说：

“年轻人，总会遇到各种机遇，要学会把握和把控时机，不要犹豫不决，也不要乱冲乱撞。要勇敢，也要理智，要善于进取，也要懂得经营。

“创业的选择很重要。创业前，不妨拿一张纸，在上面列出各种选择的可能性，列出每一种最好的结果是什么，最差的结果是什么，权衡利弊，然后拷问自己：这是自己想要的事业吗？

“既然选择了创业，就要全力以赴，将自己的生命奉献给这个企业。因此，务必创立一个潜力巨大的、可以为之长期奋斗的企业，如果选择是不对的，要趁着迷途未远，快刀了断。”

苦寻出路，牵手晶艺

2008年9月28日是胡建成在尚德建筑的最后一天，当他要迈出这个一个月来朝夕相处的办公室时，心里一阵痛楚，毕竟在这里自己流下了太多的汗水，也承载了自己太多的梦想，突然间梦醒，似乎还处于迷糊之中，看不清眼前的方向。短短的一个月让胡建成深刻认识到了“成功并不是努力和拼搏就可以的，还有其他的很多因素”，离开尚德对他的打击无疑是十分巨大的。

罗曼·罗兰在《米开朗琪罗传》中说道：“世界上只有一种英雄主义，那就是看清生活的真相之后依然热爱生活。”看破真相依然热爱和追随自己的理想，这显然是一种历经磨炼后的成熟。当胡建成走出尚德建筑办公室大门的那一刹那，心里暗暗给自己鼓劲：“踏出这个门，前面的路更加迷茫，但既然已经踏出，我会努力走下去。”

离开尚德建筑后，胡建成所做的第一件事是回国探亲。这次正好胡建成的小姨子成亲，可以喝喜酒。胡建成的父母体贴儿子忙，免得他来回奔波，特地从宁海赶到上海，一家子在上海相聚。胡建成夫妻带着两位老人家还有小侄女，特地叫了一辆车去上海市区南京路、外滩、东方明珠以及豫园等几个著名的景点游玩。恰逢十一黄金周，到处人山人海，两位老人家有些失望，觉得上海无非是人比较多，楼比较高，没什么好的。老人家的话表面上看是一种转变不过来的思维，其实包含着朴素的真理，“人比较多，楼比较高”是很多人年轻时追求的都市繁华，等到阅尽繁华，就会发现平平淡淡才是真。上海是浪奔浪流滔滔永不休，宁海则是一片宁静的海，但是要到达宁静的海，必须穿越滔滔浪潮，必经沧海横流的冲刷。

利用这次回国的时间，胡建成认真思考了自己的未来。有了尚德建筑的前车之鉴，他再次面临选择的时候，就比较谨慎了，各种情况权衡利弊，不敢大意。听说胡建成辞职之后，立即就有很多人上门“围猎”了，有的谈合作，有的谈创业，也有高薪诚聘的。经过比较之后，胡建成决定在两条路之间进行最后的抉择。

第一条路是中国长城建筑公司的潘总提出的。她说一眼就看出尚德建筑的核心是胡建成，很有诚意地聘请胡建成出任中国长城的总经理，如果胡建成想创业的话，双方也可以考虑进一步合作，比如开一家新公司。潘总以前手下的一个总经理，就是自己出来创业，后来成了上市公司的老总，说明中国长城还是很能锻炼人的。

潘总是胡建成非常佩服的一位女强人，创业几十年，管理着上千工人，她能对自己一个初出茅庐的后生如此看重，胡建成心里自是感激不已。不过胡建成考虑公司由其女儿女婿管理，成了家族公司，这种家族式企业往往带有排外、任人唯亲、人情管理、缺乏企业文化等诸多弊病，虽然中国长城未必问题这么多，但或多或少还是难逃这样的问题，胡建成深思之后，还是心怀顾虑，婉拒了这份盛情。

第二条路是由尚德建筑的股东白修明介绍的，与晶艺发展公司合作，承接其结构项目。晶艺发展公司是个A1级的公司，拥有一流的资质和平台，公司手上正好有个大项目，但苦于没有自己的施工团队，而市场上分包团队不稳定，公司的老板白顺利渴望组建一支自己的优秀团队，其中的关键是为这个团队找到一个好的管理者，胡建成的出现，满足了他们的期待。

在尚德建筑的时候，胡建成经常跟着白修明出去和他的朋友们聚会。通常在中午的时候，相约到一个巴刹里，巴刹源自马来语，也就是集市的意思，有时可称为小贩中心，指的是遍布新加坡各个居民区的连锁餐饮中心，非常便宜。到了巴刹，大家叫上一些小吃，什么炒粿条啊、鸭饭啊、烤油条啊、云吞面啊等等，再配着饮料边吃边聊，谈工作、谈人生、谈政策，无所不聊，轻松随意。一两个小时后，各自回去上班，晚上则很少出去，在家陪伴家人。

对于这样的聚会，胡建成感觉很健康，很理智，不做作，不功利，可谓“君子之交淡如水”。由此，胡建成也对白修明的为人处世有了进一步的了解。白修明是一个典型的富二代，他身上没有贫家子弟那种艰苦奋斗的作风，有时开会都会睡着。但是从小生活环境优越也让他不必跟人钩心斗角，少了几分心机，多了几分任侠。他轻财好义，帮你牵线搭桥动机单纯，自然是让人放心的。白修明有源美建筑原有的人脉资源和一些管理经验，适合做咨询，但不会深入管理，没有精力带兵打仗，他知道胡建成具备这样的能力，乐于为他牵线搭桥。

一个人的成功，缺少了机遇固然不行，但当机遇到了你的手上，能不能把握住这个机遇，就要看个人的造化了。创业第一天，白顺利就告诉胡建成，他只会看好自己的公司，至于新公司的命运，完全交到胡建成一个人的手上。他们只做股东等着分红，胡建成一个人当董事兼总经理，所有的担子都压到了他一个人的身上。

好在女儿一天天长大，给胡建成的生活增添了许多乐趣，外面的世界虽然复杂，可是每次回到家里，看到单纯的孩子时，他就会轻松许多。一大早，女儿就会自己起来，爬到爸爸妈妈的肚子上，用小手拍打，或者爬到耳边，然后“呀”的一声，把他们叫醒。吃饭的时候，她会咬住勺子，让它往上翘，或者咬住筷子，不断吮吸。“她会不断地逗你玩，开心的时候会发出可爱的声音”。虽然家里常因为女儿变得一团乱，给胡建成增加了很多额外的工作量，但他觉得，这才是一个家应有的味道，很温馨，他奋斗的动力也更强了。

8

华章多彩开生面
庭院几重寻幽光

这是一辆1993年的日产皮卡车，已经服役15年多，尽管车子又老又旧，但在胡建成眼里却是自己的得力助手，有经验，忠心耿耿，任劳任怨，犹如自己手下的那些工长。一个人处于上升期，自然会以积极的心态看待世界，即使是一辆老得快退休的二手车，在胡建成看来，也是充满朝气的。

华庭初创，磨砺以须

2008年10月16日，对胡建成来说这是一个值得终生铭记的日子，他亲手创办的第一家公司——华庭建筑有限公司成立了！匆忙之中，来不及想太多名字甄选，“华庭”二字还是白修明帮忙取的，寓意中华庭院。不过，这个未假太多思索的名字却颇具一番文化意蕴。

在中国人的文化里，完整的家是需要一个庭院的，合称“家庭”。自古以来，国人心中的庭院不仅仅是一个空间，更是一种精神载体，是理想居所的象征，郑板桥云：“吾毕生之愿，欲筑一土墙院子，门内多栽竹树花草，清晨日尚未出，望东海一片红霞，薄暮斜阳满树，立院中高处，俱见烟水平桥。”林语堂也把“宅中有园，园中有屋，屋中有院，院中有树，树上见天，天中有月”视为人生不亦快哉之一事。胡建成从小在一个四合院中长大，对庭院的感情之深自不必言，他也在公司开业这天立下宏愿：“不断建设中华庭院，让更多的人住上优良的房子。”

回首公司创办的艰难，胡建成唏嘘不已。人家创业是全副武装，他是赤手空拳。人家是先有公司，后有项目；他是先有项目，后有公司。公司创办时一没有钱，新加坡基本上没有工程预付款，所以需要承包商有庞大的启动资金，但胡建成白手起家，哪里拿得出这笔钱。还好白老板慷慨地预付了10万元人民币工程款，解了燃眉之急。第二就是没有人，新加坡招工不是贴张招工大字报就可以的，必须向人力部申请，外劳都有配额限制，谁都不敢去触碰非法用工这个高压线！

在晶艺公司人力资源部的陈惠如女士指导下，胡建成按部就班地去人力部网站注册账号，申请工人，但这需要一个过程，新加坡政府的审查向来严谨，严谨常常也意味着缓慢，而工程开工在即，没办法坐在家里慢慢等政府批文下来，上百号工人一下子哪里去找？万幸胡建成在尚德建筑的现场经理袁长发送来了及时雨，他拍着胸脯说自己可以借两百号自由工给胡建成。这时新加坡共和理工学院的前同事俞洵已经自己当老板了，在他的帮忙下，胡建成先做临时设施，搭建工人宿舍，接通水电，公司开始运作起来。

“终于有个属于自己的公司，可以让自己去努力奋斗拼搏”，但胡建成在兴奋之余，也倍感压力：“我知道，成立公司很容易，关键是怎么样发展、壮大，如何让公司盈利，如何培养一些管理人员和工人，如何让公司持续发展，如何在市场上能有一番作为……这些都是需要我去考虑的。”

公司成立一周后，又迎来了一个重要的日子。2008年10月23日，经过一轮又一轮的洽谈、一字又一字的审查、一遍又一遍的研究后，终于和总包签订了第一个项目的合同。新项目名为“Penjuru C&P Hub 3”，是一个工业仓储项目，总价值高达2 700万新币。公司刚成立，就承包了一个千万新币以上的大项目，而且还是包工包料，起点这么高，一出手就不凡，这是非常值得骄傲的事情。但胡建成并没有飘飘然，他很清醒，自己刚起步，必须脚踏实地，从最基本的班组承包和材料管理做起，“基础扎实，才能飞得更高”。

胡建成更明白，能获得这个大项目主要还是白老板和晶艺发展公司的栽培，实际上，正是有了这个项目，才有了公司。因为签合同，必须明确主体和职责，这些都需要以一个公司的名义来承载，华庭建筑才应运而生。而要回报总包的厚爱，只有一个办法，那就是尽全力把工程干好，干漂亮！那时候，胡建成的心里对总包满是依赖，把总包当作自己的母公司，正是在总包的带领和帮助下，他才有勇气去干承包。他想着，就如国内一样，母公司都会护着子公司，就像母亲呵护自己的孩子。

签订合同只是万里长征的第一步，遥望前方，路漫漫，任重而道远，接下来摆在胡建成面前有几个迫在眉睫的难题要解决。首先必须拉起一支强有力的管理团队，公司创办之初，管理层实际上只有胡建成一人，他虽忙得团团转，效率却不高。那么大的项目，需要采购材料，租赁机械，谈合同，进工人，每一件事都有许多门道，而胡建成精通的领域只有工程预算，此外很多东西是他所不了解的，只能一边学习，一边向人请教，一边广发英雄帖招兵买马，让能者来帮助自己，毕竟术业有专攻。可是公司刚开始运营，一没资金，二没名气，三没管理经验，要吸引合适而又优秀的人才谈何容易。

正在胡建成为招贤愁眉不展的时候，一个喜讯从天而降，自己的铁哥们儿，也就是他到新加坡的引路人张玉发辞去了日本清水公司的工作，从国内到新加坡找工作，胡建成立即邀请他当自己的助手，和自己一起并肩奋斗。张玉发来了之后，担任现场技术管理，主抓工地上的大小事情。也是在这时，原来一起在万礼项目共事的现场经理王志田刚好从中东迪拜回新加坡找工作，胡建成就请他负责现场，后来又招聘伊正雄当现场经理。在白修明的牵线下，由于尚德建筑有工人队伍，李老板又是做人力资源的，因此把大部分工程转包给尚德建筑。这样，胡建成就抽身而出，当起了总指挥，一下子得了这么多得力助手，让他非常兴奋，觉得是冥冥之中有股力量要相助自己成事。

胡建成在中建南洋的时候，有专门的项目经理负责写信和政府打交道。但华庭刚成立，比较拮据，请不起项目经理，胡建成只好自己兼任。在新加坡人的眼里，中国人做工可以，做现场经理也可以，但不适合担任项目经理，一是与当地的文化习俗有差异，二是英文水平不好，写英文书信不行。胡建成刚开始对写英文书信也是心里发怵，头皮发麻，脸上冒汗，但写着写着好像也没那么可怕了，越写越得心应手。看来，潜力是逼出来的，那还怕什么呢，自己的公司虽然新成立，实力有限，没法挖人，但通过内部挖潜，照样能够干出一番大事业！胡建成把写好的英文信投递了出去，他的心中已是踌躇满志。

2008年10月29日下午3点左右，项目正式开工，浇筑第一个承台。当第一方混凝土浇筑下去，工地正式进入结构施工的时候，华庭上下的员工们脸上溢出来的笑容在新加坡午后温暖的阳光下快乐地游动着。尤其是胡建成，那一刻，耳边各种机械的轰鸣仿佛成了交响曲，对他来说，一个新的时代开始了。

新公司在胡建成带领下，上下一心，士气高涨。管理人员一律住现场，一天24小时做工，热火朝天，激情燃烧，胡建成自己也感叹："真想住在工地上，与弟兄们一起打拼。"虽然因为家庭原因，胡建成没有住到工地，但他每天六点就起床赶往工地，那时妻女还没睡醒，半夜回家，妻女已经入梦了。那个时间段，他在家里就像个隐形人一样，但每次一回到家，看到妻女熟睡的样子，他总是感觉很温馨，很幸福，似乎疲惫也一扫而空了。

公司开业一个月后，胡建成买了一辆二手的皮卡车，这是一辆十几年的老破车，由于他自己不会开车，也没有时间学车，只好花钱雇了一个工人当司机。这在新加坡是非常奢侈的，新加坡的老板通常务实低调，亲力亲为，自己能做的事情不喜欢别人代劳，即使是身家亿万的大老板也很少专门雇请司机。后来胡建成学会了开车，马上就辞掉了司机，自驾上下班了。

有了车之后，确实方便了很多，第一天就多办了很多事情。这是一辆1993年的日产皮卡车，已经服役15年多，到了夕阳红的年龄了。胡建成认为自己刚刚创业，要把钱都花在刀刃上，车子只是代步工具，没有必要为了排场多花钱，等以后事业发展起来再买更好更新的车不迟。苦干在前，享乐在后，这才是一个创业者正确的态度。尽管车子又老又旧，但在胡建成眼里却是自己的得力助手，有经验，忠心耿耿，任劳任怨，犹如自己手下的那些工长。一个人处于上升期，自然会以积极的心态看待世界，即使是一辆老得快退休的二手车，在胡建成看来，也是充满朝气的。

买车的同时，公司办公室也在紧锣密鼓地装修，进入了冲刺阶段，等待一个良辰吉日搬入。办公室面积不大，只有70多平方米。但毕竟有了一个可以办公的地方，可以在里面谈工作，开会，进行业务往来，偶尔闲暇的时候也可以泡茶和侃大山。其实，大多时间胡建成和同事们都是在现场办公，但工地办公室毕竟是移动的，从这个工地到那个工地，四处漂移。而公司办公室则是固定的，可以让每个员工都知道自己公司的所在，就像一个人买了房子后知道家在哪里，多了一份归属感；同时，客户也知道公司的根据地在哪儿，可以串门，可以信件来往，既能增进感情，也方便开展业务。

“虽然地方不大，但我相信肯定很温馨。我要把办公室创造出家的气氛，让每个在里面办公的人感觉自在，让做工的人感觉舒适。”胡建成看着新落成的办公室，在心里默默地对自己说道。办公室弄好后，彭珍娟就进来帮忙，当起了没有职衔的“办公室主任”，由于没请其他人，刚开始她不得不承包行政、人力、财务、采购等一揽子事务。好在彭珍娟是同济大学土木工程毕业，负责办公室事务自然是游刃有余，而且夫妻经常在办公室碰头，也让办公室多了几分家的感觉。

艰苦奋斗，惨淡经营

然而，公司开业、工地开工的兴奋劲儿还没过，胡建成就开始直面建筑分包的惨淡人生了。

“跑模”是那段时间胡建成最害怕听到的两个字，以至于后来他看到羊肉泡馍都本能地排斥。“跑模”指的是在混凝土浇筑的过程中，模板没做牢固，发生偏移或者裂开，混凝土跑出来了。跑模轻则会导致混凝土渗漏，或者混凝土松动形成蜂窝、露石等；重则影响模板支撑体系，导致模板大面积垮塌造成重大安全事故。胡建成原本只是一个预算员，只懂得跑量，至于浇筑混凝土为什么会跑模，这并不在他的专业领域之内，但那段时间他也被逼得经常蹲在工地上，对着那些模板和混凝土冥思苦想，展开灵魂之问。

混凝土浇筑的过程中，如果频繁出现跑模、涨模等情况，不仅浪费混凝土材料，增加成本，而且会使施工质量难以得到保障，有时刚刚建筑好的墙体需要返工重修，造成工期延误。在新加坡，业主对进度的要求是很严格的，时间以天计算。按合同条款的规定，进度每延误一天，承包商就得接受非常苛严的经济处罚，有时这种处罚能使一些中小承包商破产。如果一个建筑承包商想活下去，就必须心怀敬畏，时刻把工程质量这把“达摩克利斯之剑”挂在自己头上。

工地上24小时施工，白天做模板，绑钢筋，晚上天气凉快，车辆又少，比较安静，就下洋灰。模板加固工程在整个建筑施工中是至关重要的一个环节，因此总包盯得很紧，要求很苛刻，万一跑模，一个电话，就要快速到达现场，胡建成即使回了家也不敢放松，随时保持待命状态。

那段时间胡建成天天跟混凝土和模板较劲，都有点魔怔了。但没过多久，他就醒悟过来了，这工地上，最难对付的不是混凝土，也不是模板，而是人！当了几年预算员，主要是跟冷冰冰的数字打交道，而现在作为分包，他得学会跟活生生的人打交道，人与人的沟通是一门复杂的学问。这不，很多问题都是因为沟通不畅而引起的。

工程还没开始几天，胡建成晚上突然接到白老板的电话，说有人投诉他把工地管理得一塌糊涂，没有负责人，胶合板也不卸，并通知明天早上九点半开紧急会议。这一通电话杀气腾腾，把胡建成听出一身冷汗：自己天天在工地上跟着，怎么叫没有负责人？就算做得不到位，又怎么突然间到了“一塌糊涂”的地步？

第二天开会胡建成才知道，原来总包派来的现场经理和自己公司的人在工作范围内各有各的立场，公司的人也没有对其足够地尊重，让他心里有了疙瘩，报告的时候便语气重了点。没办法，胡建成除了默默地安排人手卸板之外，别无他话。

比起这种委屈，更让胡建成烦心的是工程的进度。时间就是金钱，进度就是效益。项目一开始，很多问题慢慢浮出来，而且大多出乎胡建成的预料。由于桩位的偏移和业主方看工的苛责，进度缓慢。总包老板跟业主的大老板关系不错，但是业主方是新加坡物流行业的龙头企业，标准高，业主现场代表对华庭这样的新公司保持怀疑态度，特别有心严格要求，从下第一方洋灰开始，标准就卡得非常严格，有些甚至是刻板，导致很多承台不能绑扎钢筋，要等到修改设计出来后，才能继续施工。监理不满意，可要求整改，另定时间进行第二次检查，直至通过，才能进入下一道工序。仅11月6日一天就拆了两个承台的模板，重新加钢筋。虽说，这些都可以通过申请索赔拿回损失，但队伍本来一鼓作气，这样一来，气就中断了，反复折腾，不仅影响进度，也影响士气。

经过白老板指点迷津，胡建成才知道，只有主动跟业主方沟通才能打开局面。但白老板碍于情面，不好意思亲自出马，让胡建成自己想办法。这可给胡建成出了个大难题。

胡建成想了一个晚上，不知从何下手。幸好，第二天，现场经理Yap来了，由于他跟业主方代表的关系好，谈笑风生，沟通顺畅，互相理解，标准也就没那么苛刻了。于是，上午马上安排做工，下午验收，到晚上还在下洋灰，一天就能下5个承台、3个柱子，这也是胡建成这些天来最开心的一天，一直在工地上陪工人们下洋灰。

之前胡建成心态一直很好，从来都是吃得香睡得着，但近段时间持续的高压让他也开始失眠了。每天要考虑的事情太多，担心的事情太多，他觉得自己就像一个充了气的气球，被人挤压着，随时要爆炸。虽然自己激情澎湃，一腔热血，但是单单凭激情是远远不够的，更需要坚韧的毅力，毕竟这样的工程是一场马拉松，而非短跑。

胡建成并不过分迷恋自己的实力和能力，就如求学时代，他觉得自己不比别人聪明，如果有一点成绩，那也是用汗水和勤奋换来的。现在只凭一腔热情和十分真诚，创立华庭，签约工程，一个没有背景、不善沟通的人在社会上要杀出重围，何等困难，但既然选择了这条路，就不能退缩，“很多的困难和压力，是无法预知的，只能硬着头皮往前冲”。

幸运的是一帮兄弟不顾公司的大小，不顾薪水的多少，毅然加入，风雨同舟，给了胡建成前行最大的支撑。手下的管理人员，因为相信自己才跟着自己，也顶着巨大的压力。如果自己倒下了，谁来扛旗？这一路遇到了许多浊流，但胡建成仍然坚持当一股清流，坚持“诚”才是公司发展的核心。他说：“我相信，一个公司，必须以诚为本，以勤为舟，才能驶向彼岸。”

蒙冤受难，感悟创业

“老白（白顺利）目前有几千万，甚至上亿的资产，今年已经是57岁的人，仍然天天跑工地，自己到工地上抓质量，催进度，亲力亲为。让我这个后辈深感惭愧，我们这些人有点小钱，就想舒服，想着如何回国，如何享受生活啦。而人家纵使上亿身家，依然天天拼搏在工地，年施工产值达3亿新币，是如何的毅力和恒心。”这是三年后事业已经发展得风生水起的胡建成写下的一段感悟，他用老白作为榜样，来提醒自己不忘初心，时刻以一种忧患思维艰苦奋斗，切不能有了一点小小的成就就迷失自我。

然而，当初在“Penjuru C&P Hub 3”工业仓储项目上，胡建成每天领教白老板的“白与黑”，真的是度日如年，“从第一个承台开始督促，第一条地梁也骂，从第一片地板，第一根柱子，到第二层的板坪，都是骂过来的，每天不是说人少没进度，就是说质量管理不好，又说人多没有效率，更说不懂如何节约成本”。老白天天一大早就来巡查工地，提出问题，看紧材料，控制质量，也追赶进度，老白的公子白聪营也在工地当主管，胡建成记得2008年12月31日晚，小白老板自己爬上塔吊去拍照，纪念新的一年。父子俩都如此拼搏，老白对自己要求都如此严格，更不要说对下面的人了。

老白喜欢在工地监工，当然也是为了工程管理，管理方式不一样而已，只是苦了下面的人。每次他一到工地，工地上就响起了震耳欲聋的“狮子吼”，只见他四处寻找问题。在老白手下干活的人都深受其苦，每天遭受严重的噪声污染，这样反复的高分贝折磨，耳朵都磨出茧子了。当然，这并不意味着白老板天生就是这样的，环境影响性格，在新加坡搞建筑的，利润低，工期紧，责任重，压力大，脾气很容易变得暴躁起来，特别是一些要求严格，性格固执的人，更是会朝着“雷公”的方向发展。

俗话说，位置决定脑袋，不在其位不谋其政。没有真正置身于管理岗位，是难以体会上司的酸甜苦辣的。每个人当下属的时候，对领导的坏脾气都是深恶痛绝的，等到自己也上了位，开始叉着腰扯着嗓子喊的时候，这才理解了原来领导的难处。

胡建成跟着白老板干活没几天，天天招架他的狮吼功，从早喊到晚，做梦都在挨批，一辈子也没有受过这样的气。有时候开会，白老板说到激动处，又情不自禁地拍桌大喊，放在桌子上的手机都跟着“跳舞”。

那一年，胡建成才29岁，正是年轻气盛、血气方刚的时候，哪里受得了这样的摧残，我是帮你干活的，不是卖身给你当奴仆的！我是来当分包的，不是来当出气包的！工地本来就不是享受的地方，身体已经够累了，现在心也这么累，怎么坚持得下去？胡建成甚至产生了动摇的念头，怀疑自己是在自讨苦吃。“突然感觉自己很傻，也很没用。当初就不应该这么承包，有勇气但没能力是做不好工作的。如今包工包料的活，弄得我身心疲惫。我清楚刚成立不到两个月的新公司，要当一个双包的角色，是多么艰难。”

胡建成永远难忘自己被白老板喊出工地的那次经历。那一天，白老板又大发雷霆，暴风雨来得特别猛烈，风云因而变色，草木为之摇动。当着上百号工人的面，他唾沫乱飞，旁若无人地把胡建成批得体无完肤，真是一点儿情面都不给。然而，对胡建成而言，这实实在在是一场无妄之灾。

事情的原因是白老板来到工地，看到女儿墙钢筋绑得高低不平，顿时无名火起。究其原因，这是基础垫层洋灰下的不平整引起的，而基础垫层是白老板自己的队伍做的，他自己没有管理好，却不分青红皂白乱开炮。你越解释，他批得越凶，认为你在跟他抬杠；你不解释，他认为你理亏，还是照批不误。更关键的是，还是在上百号工人的面前，那种感觉好像要把你的衣服扒光，赤裸裸地示众一样，颜面何存，尊严何在！好歹自己也是堂堂名牌大学毕业，怎么咽得下这口气。胡建成直接摘掉头上的安全帽，扔在地上，扭头就往家走，恨不得永远不回这个工地。

回到家后，胡建成越想越委屈，一夜面对妻子，相顾无言，唯有泪千行。夜深人静的时候，胡建成愁肠百结，心里波涛翻腾，“徘徊将何见？忧思独伤心”，这样的日子何时是个头？那么，放弃吧，放弃就解脱了，自己还年轻，大不了再找份工作，要不回国也行。当初出国，还不是为了赚钱，自己本就是狮城一匆匆过客，何必苦淹留。

想到回国，胡建成突然一激灵，一系列尖锐的问题突然跳出来，像刀子一样直刺他的心窝：“回国？！我的公司怎么办？我的工程款怎么办？那些工人工资怎么办？大老板会照付吗？还压着两个月的工程款呢？那些追随我的员工接下来会去哪里？”

正是兄弟们和工友们的支持和信任，胡建成才鼓起勇气创立公司，承接项目。如今，日日夜夜一起奋斗的情景仍然历历在目，张玉发由于长期在工地曝晒，头颈还被晒伤脱皮。如果自己就这么一走了之，那么他们可能连两个月完整的薪水都拿不到。

突然一种深深的羞愧涌上心头，漫过了刚才的伤感：“我是不是太自私了？我不能因为自己的面子而放弃，害得大家没有薪水拿，愧对他们的信任和支持。面子不能用来发薪水，生气哭泣不能解决问题，书生意气不能当饭吃，没有忍耐哪里会有扬眉吐气。明天一早，我就去找大老板，不为自己也要为团队好好沟通，哪怕把我赶出工地，工程款也得要回来。”胡建成默默擦干眼泪，模糊的视线一下子明亮了许多，再抬头看向窗外，已是朝霞满天，东方既白。

一大早，胡建成就来到白老板的办公室外。由于来得太早，白老板人还没有到，他便忐忑不安地守候在办公室门外，生怕一会儿白老板见到自己，又是一顿金刚怒目。一会儿，白老板来了，见到胡建成那么早到，似乎有点儿惊讶，但很快笑意便堆满了他的眉梢，他热情地请胡建成进去喝咖啡。

两人进了办公室，一边喝咖啡一边谈话，白老板以长者的语气谆谆告诫胡建成好好努力，控制好成本，还主动问他需要多少工程款，一面催着会计赶快准备，一面叫他赶紧去工地盯进度。瞧白老板的样子，就像昨天两人压根没有发生过冲突似的。那种和蔼可亲、平易近人、“画风突变”的感觉，一下子还真的很难适应，好像面对的是另外一个人。胡建成心里的石头终于放了下来，如释重负，看来，“世上本无事，庸人自扰之”。

后来胡建成才知道，白老板就是这个性格。在胡建成之前，晶艺也有过自己的内部结构分包公司，结果都是受不了白老板的高压管理，散了。所以从这一点上讲，胡建成也要感谢白老板的坏脾气，没有他的坏脾气，也就没有华庭了。

白老板曾对胡建成耳提面命一番职场哲学：“小胡，每次看到钢筋混凝土结构，你要感到无比兴奋，就像看到鸡腿那样。”“老板打个喷嚏，你就要知道生的是什么病。老板想到的问题，你要已经在行动解决。老板没有想到的问题，你要已经想到并有解决方案。”

看到钢筋混凝土就像看到鸡腿，胡建成未必能够修炼到这样的境界，但经过了那一夜，他确实一下子感悟到了很多东西。“哪有什么岁月静好，只是有人为我们负重前行”，公司要想“岁月静好”，作为负责人就得负重前行。胡建成还从这件事中参悟出了一套“老板思维”：

“老板的思维，需要广度。你得跳出个人的狭隘格局，学会为客户考虑，你的客户不一定都是温良恭俭让，你得学会和每一种性格的客户和谐相处，了解他们的需求，适应他们的性格，习惯他们的作风，如此方能共赢。

“老板的思维，需要温度。开公司不能光为了赚钱，你得有责任心，你得为公司和员工负责，你得学会为此忍辱负重。哪怕是牺牲自己的面子、脾气和性格，只要利于公司的团结和发展，就努力去做。

“老板的思维，需要亮度。你得用自己的光去照亮整个公司和团队，现实中或许存在很多的阴暗面，人心深处也有很多见不得光的角落，但只要你的内心足够光明和强大，就能照耀别人，拨云见日。

“老板的思维，需要力度。创业不进则退，你得保持居安思危的意识，不断进取的精神，勇于挑战自己。有利于公司发展的决策要下得了决心，不怕万难，坚决去做，最怕瞻前顾后，错失良机。

“老板的思维，需要热度。开公司不是一两天的事情，更不会一帆风顺，你得做好持久战的准备，你对事业的热情直接决定公司走多远，你必须不停给自己的内心添加燃料，把创业的热情一直保持下去。

“老板的思维，需要硬度。面对挫折，面对困境，你不可能永远没有负面情绪，但你不能让这种负面情绪压垮自己，你要学会对自己狠一点，也要对那些破坏公司运行的人狠一点，当断则断，不断自我清洁并清洁环境。

“老板的思维，需要风度。你要学会用欣赏的眼光去看待自己的员工，多看到他们的优点，日常工作中谁都难免发生一些失误，你要以宽容之心看待，不求全责备，因为受挫本身就是一名优秀员工成长必不可少的条件。”

与老板思维对应的是“工程师思维”。胡建成有个工程师朋友，经常骄傲地向大家介绍那些引以为荣的项目，什么弯度啊，跨度啊，一系列高难度名词让人眼花缭乱。每次胡建成听完后，心里都会直打鼓：这得冒多大的风险，花多少费用啊？工程师思维的特点是高学历，重气节，技术至上，苛求完美。

胡建成自己在当老板前同样不乏工程师思维，怀着浪漫主义的思想，那时或许还会嘲笑老板思维的保守，但是自己开公司之后，他开始理解老板思维并非守旧，而是守望，要望得远你必须先守得住。

磨去棱角，洗尽铅华。在陡峭中寻找平坦，于逼仄间向往开阔。从工程师思维到老板思维是一种成熟，从意气风发走向忍辱负重，从激情洋溢走向稳重内敛，《麦田里的守望者》中说道：“不成熟的人为了伟大的事业而死去，成熟的人为了伟大的事业而卑贱地活着。”从工程师转型老板之后，胡建成在新的坐标系中找到了自己的位置。

胡建成在华庭第一个项目中，半年内胖了七斤，本来这么辛苦，应该是减重才正常，“可能这段时间，忙于工作，疏于照顾自己，以致生活没有规律，引起发胖”。他收获了老板思维，但同时也付出了提早进入中年的“沉重”代价。

上下交攻，火炼真金

Penjuru C&P Hub 3工业仓储项目作为华庭的第一个项目，好比胡建成的初恋，投入的感情非比寻常。况且好的开始是成功的一半，反过来，一个糟糕的开头也会导致一半的失败。试想，如果你第一个项目就做不好，留下污点，以后谁还敢跟你合作？因此，胡建成是带着只许成功、不许失败的悲壮心态来做这个项目的。项目中的每一个重要环节都是一场人生的历练。尽管在新加坡共和理工学院项目和万礼工业厂房项目当预算员的时候，胡建成早已熟稔各种施工的程序，可现在作为负责人，带着百来号工人冲锋陷阵，才知道用眼看和用心做那完全是两回事，不可同日而语也。

转眼开工已经一个月有余，到了下第一块大面积板坪的节点。胡建成在总包面前立下军令状，11月23日把第一块板坪抢出来。一块板坪差不多3 000平方米，每次洋灰量都要达到1 000方以上。混凝土搅拌时产生水化热，凝结的时候会有一定的干缩，由于热胀冷缩的效应，容易产生裂缝，越是大方量地下灰，就存在越多的难点和变数。下不顺的话，会产生冷缝，会裂，会漏水，再则洋灰下得太快，温度太高，会引起表面来不及磨光磨平，一次成型，难度系数很大。建筑这个行业的特点就是，任何一道工序，只要有些许差错，后期付出数十倍的精力和经济都无法弥补。

22日晚上，胡建成安排所有的工人通宵加班，下达了完成任务的指令，并定于明天早上10点验收。胡建成自己在现场盯到大半夜，手下让他回家休息，临走的时候他又把所有的工人叫过来，事无巨细地交代了一个晚上的安排，强调了各种可能出现的问题。

冲锋号一吹响，但有进兮不有止，绝无回头的可能。尽管胡建成对自己队伍的作战能力很有信心，相信第二天早上第一块板坪肯定会如期完成，拿下这个重要的阵地。但他回到家之后却不敢高枕无忧，久久不能入眠，一直牵挂着现场，连睡觉都要抱着手机，生怕工地上万一有什么事情。就像一个指战员在指挥部里守在电话机旁，时刻等待着前线的消息。这样的情景在以后每下一块板坪时都会重演，他说："每下一块板坪，都似乎生了一场病一样，元气大伤。"

2008年12月6日，又是一个重要的日子，到了浇筑第一条跑道的时刻。这条跑道是以后业主大老板天天停车经过的地方，质量好坏关系公司形象与信誉，项目开始的时候总包老板就强调其重要性。这也是华庭创立后浇筑的第一条跑道，只有做好这条跑道，公司才能顺利滑行、起飞，其意义已经超出了跑道本身。胡建成不敢有丝毫马虎，当即组织最好的队伍，希望通过精心准备，合理安排，密切配合，做出最好的效果。一条高质量的跑道，需要施工过程中，各部门分工协作，对机械设备、施工配合比、工艺流程以及工序衔接等方面进行优化和统计，紧盯每道工序环节。

然而，让胡建成始料未及的是，由于总包方面的问题，造成了图纸和整个现场管理的混乱。原本定于5日下洋灰，却由于图纸变更和垫层质量差，不得不往后推迟了一天。

在胡建成看来，总包方面的管理和技术水平还有待提高。有一次，总包还有一块地方没有挖土，再加上连日来下雨，影响了施工进度，不能及时把板坪交给胡建成。后来，总包提出为了保证华庭方面的工期，他们要在土上打垫层，以方便胡建成的施工队伍推模，只是这垫层的钱得让胡建成来出。工期延误是总包的责任，自己没有向他们索赔时间成本就算好了，对方竟然反过来要自己出钱，岂有此理！气得胡建成无心做工，直接抄起电话打给总包的项目经理。

第一个项目总是最有激情的，胡建成就像上了战场的巴顿将军，恨不得自己开着坦克一路冲锋陷阵，这个时候最怕的就是油料供应不足，坦克半路熄火。巴顿将军经常和负责后勤的军队方面吵架，胡建成也屡次跟负责基础的总包方面斗气。其实，垫层要出的钱并不多，胡建成争的是一口气。但思考后，他还是想通了：老白也是看到了队伍里存在的这些问题，所以才吹响集结号，对自己委以重任，把最重要的主体结构交给自己。如果队伍那么完美，也就没自己什么事情了。双方合作，应本着“求同存异”的原则，过分计较只会两败俱伤。

“正是大老板自己的队伍无法胜任，才需要把工程分包出来，我才有机会创业。我应该主动查找问题，承担责任，把问题解决好，而不是去追究谁的责任。去争论对错，口头之争有什么用呢。”这样一想，心里也就坦然了，应该华庭做的，胡建成尽职尽责，甚至不应该华庭做的，只要能推动进度，保证工程顺利进行，他也尽量去做，这样阻碍工程进展的关卡就越来越少了。

在新加坡要当一个好的分包商，还得学会跟政府打交道。分包可能不时要和总包、业主斗法，但在新加坡政府面前，基本没有人敢跟其斗法，几十年的法治，人们已经逐渐信仰了政府的“法力无边”。

新加坡政府不仅高薪养廉，而且推行任人唯贤的用人制度，公务员的薪酬和晋升与工作绩效挂钩，怠政者能下，勤政者能上。因此新加坡的执法人员的服务态度众口皆碑，接到投诉总是随叫随到。再加上新加坡拥有完善和事无巨细的制度，且不提那传说中让外国游客闻风丧胆的鞭刑，就是普通的罚款也是多得令人发指，罚款条文数量之多，管辖范围之广，处罚之严，他国罕有其匹，以故赢得“罚款之城”的恐怖荣誉。在新加坡公共场所吃个口香糖都可能被罚款1 000新币，在地铁或者地铁站吃东西甚至喝水也会被罚款几百新币，你可能因此吃到世界上最贵的早餐或者喝到世界上最贵的矿泉水。

建筑工地乃事故多发地，一直都是新加坡政府重点关注的对象。人力部经常开展稽查行动，遏制违例行为，违例者不仅可能面临罚款，严重的还要坐牢。

2009年1月12日上午，胡建成接到一个电话，说挖土机司机无证驾驶，被人力部逮住了。放下电话，胡建成心慌意乱，这是他第一次碰到这样的事情，一时之间有点不知所措。华庭的挖土机主要是用来运输材料的，在料场运行。人力部的两位工作人员原本是来检查旁边的船厂，看到料场有挖土机在吊料，一时心血来潮，就隔着围墙，叫司机下来检查证件，司机很诚实地说没有。这次华庭建筑算是“躺着中枪”了，无证驾驶，惩处是很严的！项目经理和现场经理心急火燎，抢着给胡建成打电话，让他回来解决问题。

既然发生了，总要去面对。胡建成赶快一边联系有证的挖土机司机，一边叫人帮忙处理。一个小时后，人力部的两位工作人员来了，了解了一下情况，给了一些建议，居然没有开罚单就走了，或许是两位工作人员今天心情好，或许这次重点是检查船厂，总之是万幸。但胡建成仍然心有余悸，他知道，这才是个开始。

新加坡建设部门出台的安全措施，涵盖了所有环节以及整个作业流程，各种标准与守则齐备，旨在从源头上减少建筑工地的各种潜在安全隐患。施工现场的施工人员也享有安全权利，如果他们认为工地环境不安全，并可能对生命构成威胁，可以拒绝开工。此外，建筑工地的安全监察人员一旦发现工地出现安全隐患，并对工人的安全和健康构成威胁时，也有权发出停工令。然而，大部分的事故是工人在施工时采用错误或不安全的行为而导致的，有的时候，真的是防不胜防。

项目施工半年来，工地一直平平安安，可惜，到工程收尾的时候，意外还是发生了。2009年4月25日下午，胡建成刚离开工地，突然接到电话，说发生工伤事故了。这是公司创立以来第一次接到工伤报告，前所未有的经历，胡建成顿觉压力巨大。原来，一个分包的工人，开升降机去楼板底磨光修补，跑到梁那里的时候，被压住了，抢救出来，送去医院后不治身亡。好在那时新加坡管理建筑业的制度不像现在这么严格，现在工地如果出现这么严重的事故至少停工三个月检查，那对施工企业来说就是不堪承受之痛了，但毕竟人命关天，虽然对方只是分包的工人，而非自己的手下，但看着工友在自己的工地上出事，胡建成心里的阴云还是盘踞了很长时间。

在处理好与总包、业主、政府这些关系的同时，胡建成还得处理好与自己公司项目经理、现场经理、预算员、材料员、施工工长乃至工人等的关系。后者的重要性甚至大于前者，上梁不正，下梁最多跟着歪掉，但是底盘要是不稳，很可能整个支撑要垮掉。

第一个项目，最让胡建成烦心的问题之一就是个别工长关键时刻的“逼宫”。工程正进展得如火如荼，有些工长却“趁火打劫”，谈条件，要加薪。工长们的辛苦，胡建成自然看在眼里，适当的时候，也会给予奖励。但现在还没到论功行赏的时候，那些沉不住气的工长，就开始闹脾气了，觉得这个工地离开他不行了。这个时候，你要是不满足他的条件，他就闹情绪，甚至影响工程顺利进行；如果满足他的条件，那么以后就可能形成一种负面效应，恶性循环。如果关键时刻都要靠钱来激励才能前进，那么公司一旦遇到逆境，岂不是马上要树倒猢狲散？

这件事使胡建成第一次意识到提升队伍凝聚力的重要性：“说实话，每个公司，每个工地，不可能离开某个人，就不能生存下去。更多的情况，需要大伙齐心协力。所以在老板眼里，需要一个忠诚的员工，需要一个能顶住压力的员工，需要一个有责任心，能同甘共苦的员工。”

9

是非只恨太趋利 成败但求无愧心

业主和总包的忧虑，胡建成岂能不明白。对此，他心里有不平和委屈，也有不解和愤怒。上海建工多长的历史，多大规模的公司，拿我跟他们比，合理吗？但他很快平复了自己的心情，既然你们拿我和上海建工比，那我就做出成绩让你们看看，上海建工能做到的，我也能做到，“他横任他横，明月照大江”，偏见反而点燃了他的斗志。

初战大捷，走向独立

“苦心人，天不负”，在克服了种种困难之后，“Penjuru C&P Hub 3”工业仓储项目的进展越来越顺利，胡建成终于可以喘口气，不用整天在工地盯着，总包也可以少安毋躁，电话打得不那么频繁了。

2009年3月27日，经过5个月的奋斗，跑道终于完工了。该跑道由于用了SGB的散模，又是倾斜的，运输比较困难，导致施工难度大，成本高，工期紧张。整个团队耗费了很大的精力和物力，才使工程顺利完成。最难得的是施工方案的敲定，班子在施工方法上并没有唯总包之命是从，而是大胆使用了自己的方法，独辟蹊径，结果效果更佳，让总包对他们另眼相看。

2009年6月5日早上，班子打完了5楼的最后一块板坪，标志着工程的封顶。此后，工程进入了收尾阶段。华庭的第一个项目，终于迎来了收成的季节，胡建成和他的团队从2008年冬天的荒凉走过来，终于看到2009年夏天的绚烂。尽管新加坡的四季差别并不大，但从这个项目一路走过来，胡建成却遍尝人间冷暖。

“Penjuru C&P Hub 3”工业仓储项目前后历时10个月，拿下了300万新币的利润。如果胡建成还只是中建南洋的一个预算员，他可能一辈子也无法触及这个数字。但相对于金钱的收获，更重要的是，胡建成完成了自己人生的蜕变，宛如之前一直被困在蛹之内，蓦然间破茧成蝶，得见天光之明朗，世界之广阔。第一个项目胡建成花费了太多的精力，承受了太多的压力，但也磨炼了他强大的意志力，使他越战越勇。

然而，雄关漫道真如铁，更大的考验还在后头。如果是中了一张百万新币的彩票，或许可以从此悠游余生，至少可以按下工作的暂停键，向往一下诗和远方，“喂马，劈柴，周游世界”。然而，胡建成必须对那些跟着自己从第一个项目摸爬滚打过来的兄弟负责，所处的位置已经让他无法独善其身，达者比穷者责任更重，因为你必须兼济众人。

胡建成清晰地记得，当第一个项目完成，差不多交工的时候，有一天，白老板把他找来，语重心长地说：“这个项目完成得很好。”说到这里，白老板顿了顿：“不过接下来的项目，就要靠你自己去找了，因为你是公司的主要运营者。”原来后面才是重点，这句话一下子把胡建成打蒙了：“啊，需要我去找项目啊？”“出了这个工地，我只知道回家的路，哪里有方向去找项目做。”霎时之间，胡建成有一种小狮子长大后被父母赶出去独自捕食的感觉，面对着苍茫草原，不知道路往哪里走。

“创业，第一个项目往往会成功，没有项目你不会去创业。困难在于后续项目的跟上和往后的发展。”这是胡建成九年后在清华五道口金融管理学院读EMBA分享自己的创业故事时说的话，一语道破了他在华庭第一个项目结束后的处境。据统计报道，新创公司，80%活不过三年。那时的胡建成，真不敢确定自己的公司有把握度过这“三年之痒”，别见包工头赚钱容易，表面风光，你见到的都是成功赚钱的，那些失败的都在躲债呢。但路是人走出来的，不去试一下怎么知道呢?

在新加坡找项目跟找对象一样，都讲究门当户对，什么样资质的公司承接什么水准的项目，尤其是政府项目，那更是“父母之命媒妁之言”，各级门槛一清二楚。华庭刚刚出道，还是个穷小子，难以跟那些“高富帅”竞争。不过穷小子未必娶不了富家小姐，有时候还要看缘分，只要你有魅力，私订终身也是可能的，只是很多私人项目鱼龙混杂，考验的是决策者的眼光，你可能会淘到宝，也可能入了坑。但别人送到嘴边的肉吃起来肯定不会那么轻松，你吃了人家的肉就得听人摆布，只有自己出去捕猎，才能自由地成长。

只是，走向独立的初体验往往是挨饿。2009年下半年，第一个项目后的空窗期也是华庭最困难的时期，由于没有可以开工的项目，开始出现人员窝工浪费。胡建成只能四处奔走，寻找新的项目，但这事儿又急不来，他在建筑圈里面算是刚刚出道的，人生地不熟，一时之间要想揽到项目，难度很大。2009年7月6日，胡建成去自己的老东家中建南洋谈了一个项目，很想把它拿下来，只是中建南洋有不成文的规定，5年内不可把项目分包给出去的员工。同时他也在积极洽谈其他项目，不过都不能马上开工，远水解不了近渴。

没有项目开工，不仅造成工人窝工，也致使管理人员过剩。好在上个工程有所盈利，跟主包的账还没有结完，胡建成打算用这部分盈利暂时挺过这段亏损的日子，等待局面扭转。但令人气愤的是，公司的股东竟然要求整个公司减薪，必要时还得考虑裁员。胡建成又气又急：“作为老板来讲，作为一个商人来讲，公司有困难当然需要通过减薪、裁员来渡过难关。从追求公司利益最大化的角度来讲无可厚非。但对于我这个刚当老板不久的人来说，心里总是过意不去，也无法启齿。”胡建成觉得才集聚了一帮创业的兄弟，公司明明是赚钱的，却要减薪裁员，于心何忍，那段时间他常思己过：“我不断反思自己，是自己没有能力接后续工程，不是手下人没有作为。”

况且，胡建成认识到公司正处于创业阶段，如果减薪裁员，会给他人造成一种不稳定感，他一直把个人的管理能力和队伍的建设放在头等位置，相信只要管理得当，有一支好的队伍，未来一定能赚到钱，前途是光明的，困难只是暂时的。对于一家新成立的公司，大家工作时间都不长，很多人都还没有形成归属感，减薪裁员就会削弱大家的主动性和积极性，一旦人心散了，队伍就不好带了，可谓得不偿失。合伙人的短视让胡建成愤愤不已。而要想不减薪裁员，唯一的办法就是后续项目赶紧跟上，让大家有活干有钱赚，胡建成明白问题的紧迫性。

为了找项目，胡建成甚至让工友开着自己那辆二手皮卡车，开始了新加坡环岛游。全岛盲目找工地，拍项目牌子信息，挨个打电话，厚着脸皮问对方需不需要结构分包，其中的辛酸苦楚只有自己知道。这种电话推销本来就给人很不靠谱的感觉，何况还是推销工程，但大面积撒网，居然还真的捞到了鱼，他接到了一个做第三包的项目，解决了眼前之急。据说当年一手创办中建南洋的陈国才初到新加坡时也有如此经历，经常开车漫游寻项目。能够学到他的看家本领，也算胡建成四年中建南洋工作的一个收获。

这个第三包项目名为“Bukit Panjiang Sports Complex”，项目不大，只有两层楼高，规模和第一个项目比根本无法相提并论。原来接这个项目的公司无法跟上进度，需要一支援军。胡建成打算把这个项目当作试验田，不仅锻炼队伍和熟悉新的总包，还可以学习如何管理工人和提升本公司的管理水平。

放眼长远但立足当下，一步一个脚印，站稳脚跟，提升自我，再图壮大。秉着这样的理念，公司连续谈了几个项目，虽然都不是大项目，没有什么耀眼的光芒，但多点开花，形势看起来也不错。然而，公司刚刚驶出风平浪静的港湾，就进入暗礁密布的海域，这里的海况非常复杂，一不小心就有触礁的危险。这不，胡建成很快就感受到了麻烦，考验自己这个掌舵者的时刻到了。

“Bukit Panjiang Sports Complex”项目的分包Chai Jin建筑的老板滥接了一堆工程，贪多不化，管理没有跟上，现场混乱无序，以各种借口克扣工程款。而且整个项目的班子都还拿不到钱，如果不做，肯定不给钱；如果继续做，不能确定给钱。胡建成左右为难，关键时刻下面的人都看着老板怎么行动，胡建成只能和总包联系，看总包能不能把他们给踢出去，直接和自己合作。总包看到胡建成班子的实力，非常愿意与他们合作，只是Chai Jin建筑却不肯放手。胡建成想要快刀斩乱麻，退出这个乱局，可是一想，目前自己的人手也没有地方去，无奈得很。还好，Chai Jin建筑中途撑不住倒闭了，胡建成虽然因此少拿了些工程款，但也代替了他们和总包合作，从三包变成二包，因祸得福。

权责不清，分崩离析

最困难的时期终于过去了，随着项目的逐渐开展，竟然开始缺少工人了。胡建成四处借工人，他又头疼了，“做劳务分包就是这样，工人的调派很麻烦”。不过比起工人窝工，这已经算是幸福的烦恼了。

这一段时间，胡建成还迎来了另外一个幸福的时刻——新买的房子装修好可以入住了。经过两个月的装修，2009年8月25日，随着家具的到齐，房子终于可以入住了。坐在宽敞的沙发上，看着装修一新的房子，胡建成满怀期待地写下了这样的感想：“我想家应该既是属于自己的房子，又有家人的结合。5年的搬家和分离终于结束，马上在这个岛国定居了。终于有了真正意义上的家。儒家讲‘修身、齐家、治国、平天下’。只有家定，才能定天下。”

家是定了，胡建成的天下却开始乱了。华庭从初创到第一个项目取得巨大成功，用了10个月，然而从第一个项目收官到公司关闭，却还不到10个月。成功与失败都如此迅速，“来如春梦几多时，去似朝云无觅处”，其中更是涉及了人性、性格、制度、文化等诸多方面的问题。

胡建成从中建南洋一个小小的预算员一跃而成为一家承包公司的掌舵人，这固然是他个人的幸运，同时也是对他的挑战。因为少了中间的铺垫与过渡，大家对他的信心大打折扣，就像一个原本成绩平平的学生突然考出了年段靠前的成绩，大家很容易向他投来不信任的眼光，就连老师下次监考也可能时刻盯着他。“Penjuru C&P Hub 3”工业仓储项目的业主C&P公司是赫赫有名的新加坡物流仓储巨头，晶艺是项目总包，结构分包有上海建工和华庭，就在相距不远的工地各自战斗。上海建工是先来的，且是业主点名让其参与的，可见对其之信任。

业主的标准在信奉“客户至上”的老白眼里自然是金标准，于是他也期望华庭能够达到上海建工的标准，同样的施工速度，同样的质量管理。但是上海建工是一家老牌大型中资企业，而华庭只是一家刚成立的小公司，如果两者可以等量齐观的话，那么上海建工这块牌子还有什么价值？或许这也是老白喜欢到工地的原因，一开始他就先入为主，带着苛刻的标准，似乎这也有问题那也有问题，如果出现问题那证明自己的担心是对的。当然，老白是建筑业的老江湖，姜还是老的辣，本来业主代表对胡建成也是充满偏见的，工地里甚至有人专门记录他进出的时间，还经常拿他的公司跟上海建工比较，还好天天看到老白来工地，感觉放心多了，他们对胡建成虽然不信任，对老白可是绝对信任的。这样一来，老白也相当于变相保护了胡建成，可谓用心良苦！

业主和总包的忧虑，胡建成岂能不明白。对此，他心里有不平和委屈，也有不解和愤怒。上海建工多长的历史，多大规模的公司，拿我跟他们比，合理吗？但他很快平复了自己的心情，既然你们拿我和上海建工比，那我就做出成绩让你们看看，上海建工能做到的，我也能做到，“他横任他横，明月照大江”，偏见反而点燃了他的斗志。

对胡建成的偏见不仅来自上面，也来自下面，特别是曾经和他一起在尚德建筑当过亲密战友的那一帮人。白修明既是华庭的股东，也是尚德建筑的股东，在他的牵线搭桥下，尚德建筑成了华庭的主要分包商。华庭早期的顺利运行，离不开李占存、白修明、丁四林等一帮老同事的支持，但也给以后他和白老板的合作埋下了隐患。这几个人原本在尚德建筑是和胡建成比肩而立的，而且论资历，他们创业更早，资历更高，如今到了这边，反而要受胡建成支配，自然心里不服，产生一种“彼可取而代之”的想法。而胡建成对尚德建筑也是知根知底，深知其管理上存在的不足，担心尚德建筑靠不住，一旦出问题了，哪里去找这么多工人来做工。为此，他还曾问过袁长发，袁长发说自己有的是自由工，给胡建成壮胆，这才让他安了心。这样，双方的关系自然不可能像在尚德建筑时那么融洽了，而李占存等人也经常向白老板打小报告，想越过胡建成去接项目。所谓三人成虎，谎话听的次数多了也会让人信以为真，这也影响了老白后面的许多决策，造成胡建成和他之间的矛盾和冲突。

纵观胡建成的求学、就业和创业经历，对抗“傲慢与偏见”一直是他成长过程中的关键词之一。初一转学，镇里的同学看不起来自山村的他，他得用成绩证明自己；大学的时候，有些北方同学认为浙江人过于精明，敬而远之，他得用真诚来证明自己；中建南洋，他上升空间狭窄，他得用出走来证明自己。其实，很多偏见是可以通过沟通来打破的，然而对于生性耿直的胡建成来说，沟通恰恰是他的弱项，不善于沟通让很多异见长期集聚，分歧和隔阂越来越大，这也是胡建成一直自我反思的不足之处。当然，学生时代要消除偏见是比较容易的，毕竟人与人的关系比较单纯，而创业时代夹杂了利益关系，消除偏见就难得多了，这个时候就考验彼此的胸怀了。

观察过螃蟹的人会发现一个现象，当螃蟹放到不高的水池里时，单只螃蟹往往可以凭着自己的努力和本事爬出来，成功“上岸”；但是如果一下子好几只螃蟹“争渡”，它们就会叠起罗汉，有的在上，有的在下，这时底下的那只就不干了，拼命爬出来，并且还会拉上面螃蟹的腿，最后谁也爬不高。这就是螃蟹文化，其主要特点是，组织成员目光短浅，只关注个人利益，而忽视团队利益；只顾眼前利益，而忽视长久利益，相互内斗，进而造成整个团队逐渐丧失前进的动力，华庭第一个项目还没有成功的时候，这种“螃蟹效应”已经对公司的发展产生了影响，随着矛盾的增多和积累，到后面更是愈演愈烈。

企业如果想避免“螃蟹效应”，必须从硬的制度和软的文化两个方面来建设。其中，制度是基础，只凭哥们儿义气，像聚义一样结合在一起的队伍最终很难避免散场的命运。经过华庭的风波，胡建成明白了一个道理，选择合伙人很重要，并不是你有情我有意就能成为合伙人，有些人适合做朋友，可以一起吃喝玩乐，但不能共事；有些人适合做同事，上班的时间一起解决问题，公事公办，但私下一般很少来往；只有少部分的人可以同时做朋友和同事，而极少的人可以在一起合伙创业，因为创业涉及庞杂的利益与利害关系，很容易打翻友谊的小船。要想成为好的合伙人，前提是理念要一致，对公司的发展和制度要认同，然后看各自的优势和资源，有没有对企业有加分和贡献，在创业的过程中要不断地磨合，要坚持可持续性发展，最好做到经营权和管理权分开，先行做好各种制度建设，不要等到出了问题再来亡羊补牢。

而在合伙创业的制度建设中，股权架构的设计问题是重中之重。股权架构设计又以股权分配和分工协作为重。股权分配要有一个合理的分配标准和方式，这个分配标准要能够公平地对待所有的成员，并且达成共识。通常情况下，能够让所有人认可的标准只有一个，那就是贡献度标准。出资是贡献，出力是贡献，出资源是贡献，带来客户和项目也是贡献，要设定一个大家能够达成共识的内部标准。合伙人在一起创业，到了分钱的时候，往往是不患寡而患不均，但这个“均”并非平均，而应根据每个人的贡献度合理评估，才能做到公平公正。而且股权分配还有一个动态原则，需要根据个人不同时期的贡献值来调整和修正分配比例，方能与时俱进，不偏不倚。

华庭的股权架构从一开始就是一笔糊涂账，随意性太大。四大股东，只有胡建成一个人全权负责，其他人隐居幕后。如果说第一个项目的时候大家还存在一种平衡，胡建成出力，其他人出钱和资源。那么，到了胡建成自找项目的阶段，这种平衡就被打破了，他一个人又要出力，又要找项目，其他人坐享其成，这个时候贡献度已经完全不对称了，而分红还是一样的比例。那么问题就来了，大家合伙打造了一条船摆渡赚钱，其他股东吃瓜看风景，一个人摆渡，到了对岸后，大家平均分钱，这条渡船又能撑得了多久呢？

俗话说，“共患难易，同富贵难”，在一起打拼的时候大家和气友爱，一到分钱的时候马上头破血流。华庭没赚钱的时候，彼此都是心无杂念，赚钱了之后，大家的想法就变得复杂了，由于公司的财务由胡建成主管，其他人就开始怀疑他以权谋私，而胡建成也反感他们当“翘脚老板”，矛盾渐渐变得难以调和。再加上一些人搬弄是非，白老板便让胡建成把办公室搬到自己的楼下，并将财务交代清楚。合作本来是要建立在相互信任的基础之上的，总包轻信谣言，破坏了这个基础，更让胡建成心灰意冷。

忍痛散场，反思合伙

“既然大家不能开心地合作，只有把公司关掉了。”胡建成在日记中轻描淡写地写下了这一句话，但实际上他的心里备受煎熬，开公司容易，关公司难啊！关门大吉本身并不难，无非是像《西游记》中猪八戒说的那样分了行李，各走各的路。难的是手下这帮兄弟的去处。胡建成又想起了被老白批评出工地的那个晚上，自己在黑夜中天人交战的情形，那个时候他明白了作为领头人，不能为了尊严和面子置员工们的前途于不顾的道理，你不是一个人在战斗，也不能一个人脱逃。

相比于管理人员，公司底下100多个工人何去何从更是让胡建成纠结不已。新加坡媒体把外来劳工称为“客工”，有种召之即来挥之即去的感觉；而胡建成更喜欢把工人称为“工友”，一个“友”字已经超越了彼此之间的雇用关系，升华为一种情感，古人云：“同门为朋，同志为友”，雇主和工人之间本应是志同道合的。创业至今，一些老员工跟着胡建成从无到有，看着公司一步一步走过来。时至今日，胡建成仍然清晰地记得和他们一起艰苦奋斗的诸多细节：“老王应该会记得，我们在第一个项目中连夜赶工、付出和挨骂，甚至忍受我被老板赶出工地的委屈；老徐应该记得，班丹工地集装箱还没有通电，晚上蚊虫叮咬难忍，用烛光过夜的‘浪漫’夜晚；老杨，作为公司工号位列第一的员工，应该记得，我们一起蹲在工地，研究为什么会‘跑模’的艰苦时刻。”

但此一时彼一时，现在的局面硬撑下去，结果可能会越来越糟，股东之间彼此不信任，公司说散就散，散场固然容易，但是这些跟着你创业的人怎么办？员工们的出路是重中之重，胡建成不敢怠慢，他想出了一个两全其美的办法，注册成立新的公司——华诚建筑，如果大家还能合作下去，就让华诚建筑成为一个空白公司，如果大家不能合作下去，那么就启用华诚，自己找项目单干，工人队伍的后续发展也有了保障。原本胡建成觉得华诚只要不接项目就不算正式运作，毕竟自己也没有在外面接私活儿，然而华庭的股东们发现这件事之后，还是群起攻之，似乎这是不可饶恕的罪行，而实际上其他股东外面的平台更多，“只许州官放火，不许百姓点灯”，这也最终让胡建成下定了离场的决心。

胡建成有一个知交，是一个退休的律师，他有着丰富的人生经历和深厚的处世哲学，常和朋友无私地分享自己的知识和经验，被胡建成奉为人生导师，可谓“平生风谊师友间”。胡建成跟着这位杨律师，详细地了解了一家公司关闭所必须完成的法律程序，就像在了解一个家庭破裂时离婚的各种程序，伤心难以名状。

公司解散的时候，员工们有决定自己去留的权利。有些员工体会到胡建成的辛苦和不容易，自己辞职找公司；有些员工跟胡建成商量，需要他帮忙找公司；还有些员工不离不弃，希望跟胡建成一起继续创业，无论成败，这让他唏嘘不已，为之涕零。

刚开始，华诚找工程接项目也比较困难，好在机缘巧合，有一天在飞往上海的航班上，胡建成遇见朋友Jeff，两人正好处于隔壁座位，聊着聊着聊起了生意，刚好朋友手头有些小项目，需要找人承包。等回到新加坡后，胡建成马上联系对方，接了两个小项目，然后慢慢打开了局面。于是，华庭的那帮工人便转入了华诚，实现了无缝衔接。当然，这反过来也说明了平台的重要性，正因为胡建成有公司，有好的队伍，人家才愿意给他机会，毕竟机会总是留给有准备的人。

华诚运作的时候，华庭的项目还在继续收尾，有段时间，胡建成不得不分心二用，既要承载新公司开张的压力，也要忍受前公司收官的焦虑，两相叠加，身心俱疲。华庭最后一个项目是“醉花林”俱乐部的结构分包，“醉花林”项目是晶艺先总分包给BSI的杨老板，胡建成再从BSI那里分包结构，包清工。晶艺、BSI、华庭三者关系复杂，再加上业主的高标准，导致工程非常难做。这个项目一直吵吵闹闹，但胡建成坚持有始有终，每个月都会记录真实成本才申请总包付款，最后是亏本做完的。

“醉花林”项目完成后，华庭解散，小白老板进场负责“醉花林”的装修，这个时候他才发现业主的难缠，才知道胡建成的不容易，这样难做的工程都能够如此尽职尽责地将其完成，而且还是在华庭闹散伙的背景下，由此他也了解了胡建成临事不苟、顾全大局的行事原则，这也为两人之后在恩诚建筑再次携手创业埋下了伏笔。

“想要做一个善良的人，一个有良知的商人，一个能给员工带来福利的老板”，虽然华庭的解散留下了不少遗憾，但面对自己曾经立下的愿望，胡建成觉得自己俯仰无愧，而他和员工们的故事还将继续。

两年之内，经历了尚德建筑和华庭建筑两次与人合伙失败，胡建成对于合伙创业这件事也有了许多话语权，总结了几条经验教训与有志于合伙创业的人们共享：

“合伙之前应该对合伙人进行一个深入了解，包括品行、诚信、背景等方面的认知，理想的合伙人既能有共同的价值观、一致的经营理念，又能够彼此信任、同甘共苦。

“在合伙的时候务必建立可持续性的股权架构，股权架构里经营权和所有权要分离，要有股东协议。经营权里，要体现能者多劳多得，按劳分配的原则，分配时优先满足经营权一方，然后再按股份分配。股东协议也要写清楚如何退出股权，或者违例怎么处理，还得考虑公司未来的发展空间，拿出一部分股份留给管理团队，作为激励股。

“合作时要培养良好的合作氛围，彼此之间多沟通看法，把胸怀放宽，眼光放远，求同求异，大事讲原则小事讲风格，在枝节问题上不苛求于人，要懂得自我省思，己所不欲勿施于人，彼此坦诚相见。

“签订股东协议时，应该未雨绸缪，居安思危，考虑股东之间有矛盾，应该如何处理，乃至未来公司万一经营不下去，如何结束。哪怕无法继续友好地合作，也应该友好地分手，善始善终，无愧于心，不能只顾自己利益，把烂摊子留给别人。”

10

恩义常怀路坦荡
诚真每念心平和

王女士非常诚恳地期盼胡建成能给个机会，帮她把老公申请过来，分别的时候，她对胡建成说：“老板，我老公或许对你来说只是一名普通的员工，但对我来说是我人生的全部！求老板帮忙。”说着，她的眼眶已经湿润了，此情此景，让胡建成也是潸然泪下——就为这句话，无论如何也要把她的丈夫申请过来。

恩诚肇立，双剑合一

从华庭关闭，到华诚运行，胡建成似乎在短短几天之内就领悟了“攻守道”，华庭是攻，寄托了开疆拓土的美好理想；华诚是守，给自己和员工们找到一个安身立命的所在。人生不能总是攻，能进能退，能屈能伸才是处变之道，胡建成也把华诚当作自己沉潜时期的一种修炼，就如一杯清茶，浮时淡然，沉时坦然。公司的一切尽在自己的掌握之中，但责于己，不求于人，倒也自在，直到一个电话的到来，一切又有了新的转机。

来电者正是小白老板，他邀请胡建成前去谈合作的事情。原来，自从华庭解散之后，晶艺不得不重新寻找可靠的分包合作，但结果并没有预想中的顺利，新的合作伙伴远未达到原来和华庭的默契度，甚至闹到了对簿公堂的地步。跟胡建成合作，虽然意见不合彼此也会吵架，但不管如何吵架，胡建成心中对白老板和晶艺的感激之情从未泯灭，即使不欢而散，也不影响他对这份感恩之心的认知：“没有大老板给的机会，我依然不过是中建南洋庸庸碌碌的一个小小预算员，平淡无奇而又平凡安静。没有大老板的磨砺，我怎么会从一个寻常的预算员锻炼成一个坚强的小雇主。而没有大老板给的机遇，我的人生怎么会有那么多的故事可写。纵使遍尝磨难和争吵，但我始终心怀‘知遇’之恩，把一切过往都当成对自己的磨炼和垫脚石。”

“投我以木桃，报之以琼瑶”，哪怕亏损，胡建成也要坚持把工程收尾工作做完，把公司顺利关闭掉。做事要有始有终，才能留下未来的合作空间。正所谓失去了才懂得珍惜，有了比较之后，白老板才明白胡建成的可贵之处，希望双方能再一起合作。

这次合作的对象从老白变成了小白，胡建成以前在华庭就跟小白老板经常接触，知道他为人的胸怀和气度，两人观点有很多共鸣之处，惺惺相惜，一拍即合。双方这次合作，把前景和未来看得更远，更注重的是长久的发展而不是眼前的利益。双方经过坦诚的协商之后，股份明确，管理团队责任清晰，胡建成是董事，白聪营也是董事，并且担任董事长，他的责任比胡建成更大，大家共同承担责任，建立起了透明的财务制度，胡建成和小白老板一起签名，财务才能出钱，做事真诚透明。

2010年10月20日，恩诚建筑成立，与两年前华庭成立相比，这一次胡建成显得异常低调，博客中甚至都没有留下与开业相关的记述。或许他已经在历练中明白了这样的道理，公司创办时可以少点张扬，因为什么时候开始并不重要，能够走多远才是关键的。

“我知道自己从哪里来，我知道自己的能力有多大，我知道自己对公司的管理能力在哪里，我是一个从农村出来的孩子，对公司的管理、运作都没有经验，也没有人指导，有的永远是压力和责任”，从创业那天开始，胡建成就没有忘记这份初心，他知道自己的成就不是建立在背景之上，不是建立在金钱之上，而是建立在能力之上，因此自始至终，他都把个人的管理经验，把管理公司、管理团队取得的心悟，把队伍的建设等放在金钱之上。他知道，只要自己能把恩诚做到上市，有了这个能力，同样自己可以做一个上市公司，“通过合作来学习和锻炼自己，就如有个老师，总归是个好事情，晶艺给我提供了这样的平台和机遇”。

于是，在和小白老板再次合作创业的时候，胡建成首先就选择了“感恩”作为公司的文化基因之一。心怀“感恩”理念，处理问题自然就会更真诚。“感恩”“真诚”双剑合一，这也为后来双方和谐共处，长远发展奠定了基础。“诚者，天之道也；思诚者，人之道也。”胡建成认为，股东合作之间，同事相处之间，最重要的是真诚，以诚待人，用心做事，一个人人不能心怀感恩、不愿以诚相待的公司必定会人际关系冷漠，纠缠于小利而不愿为大爱付出，犹如一盘散沙，经不起小小的风吹雨打。钱没有了可以再赚，但如果人心散了，公司也就垮了。

“感恩”与“真诚”，前者为因，后者为果，懂得感恩自然就能真诚相待。尤其在管理手下的员工时，胡建成极力竖起“感恩”这面大旗。“感恩”是双向的，公司要感恩员工，建筑业赚的是辛苦钱，新加坡建筑市场制度透明，利润菲薄，每一分钱都是工人们在常年高温下搬砖换来的血汗钱，没有员工的辛苦付出就没有公司的存在，就像胡建成自己说的：“工友，是我们小雇主吃饭的衣食父母，没有劳工，就没有这些小雇主的存在，我们能不待他们好吗？”反过来，员工也要学会感恩公司，“皮之不存，毛将焉附”，公司的存在给大家提供了工作岗位，衣食来源，也给很多人提供了发展提高的平台，成为他们事业的跳板。大家应该珍惜这样相聚的缘分，既要有福同享，更要患难与共，建立归属感，把公司当成自己的另外一个家。

在恩诚建筑不断壮大的同时，胡建成自己也在不断成长，他在建设“恩诚”文化的同时，也从一些人事上体验和强化了这样的理念，从而形成良性互动。特别是2011年，公司进入正轨之后，开始招聘人才，其中的一件事让胡建成深刻理解了“追求盈利并不是公司的唯一目的，公司还有社会属性和责任，还有更深层次的意义”这个重要的道理。

那时公司在新加坡“狮城华人网”上发布招聘信息，招聘工程师人才。信息一经发出，很快邮箱里便堆满了投递过来的众多简历。其中有个姓王的女士，发简历并不是自己应聘，而是帮她老公找工作。胡建成粗看了一下她老公的简历，发现他只是毕业于国内一所普通的大学，既不是新加坡认可的工程师学校，又没有在新加坡的工作经验，也就没放在心上，把简历放在一边。

隔天一位女士打电话过来，一番自我介绍后，胡建成才知道原来她就是那位帮在中国的老公找工作的王女士。王女士要约他见面聊，顺便给他看丈夫的简历和证书。胡建成听得出她焦急的心情，就勉为其难地答应了。原来她是个护士，在邱德拔医院上班，急切想让老公来新加坡工作，一家人好团聚。由于她丈夫没有新加坡认可的工程师学校文凭和在新加坡的工作经验，简历投了很久都是石沉大海，又是着急又是无奈。王女士非常诚恳地期盼胡建成能给个机会，帮她把老公申请过来，分别的时候，她对胡建成说：“老板，我老公或许对你来说只是一名普通的员工，但对我来说是我人生的全部！求老板帮忙。”说着，她的眼眶已经湿润了，此情此景，让胡建成也是潸然泪下——就为这句话，无论如何也要把她的丈夫申请过来。

胡建成曾经也与妻子天各一方，饱受相思之苦，对王女士的遭遇感同身受，而更让他震撼的是王女士离别时的那句话。是的，每一名员工都不仅仅是一个个体，还是一个家庭的希望，背后是无尽的牵挂与寄托，“原来开公司，还可以帮忙解决就业，可解相思苦，让一家人团聚”。想到这里，胡建成不由得豪情万丈，立志把公司办好，解人间更多相思苦，聚天下更多离散人。

如今，王女士的丈夫已经拿到新加坡永久居民身份，夫妻俩也生了两个可爱的宝宝，在异国他乡落地生根，开花结果。虽然王女士的丈夫早已离开恩诚另谋高就，但公司成人成己的美丽故事还在继续。工长老储从第一天来新加坡就在恩诚做工，跟胡建成工作七八年了，从一个普通木工发展为一个大工长，可以独当一面。老储和妻子都在新加坡打工，儿子在国内读书上学，读的也是建筑工程专业。前两年毕业，儿子来恩诚上班做预算员，一家三口团聚。像这样的父子兵，胡建成手下还有好几对。

胡建成认为，照顾员工，不仅仅给人一个职位，一份薪水，或者一张准证，更要给人一个职业规划，一份未来的理想，所谓“授人以鱼不如授人以渔”。

他希望自己的员工日后离开公司的时候，已经突破了职业的瓶颈，打开了新的发展空间，这样当他们回忆自己在恩诚的日子，也可以自豪地说不虚此行。在胡建成心里，这就是对自己创办公司最大的鼓励。因此胡建成的手下，跟他关系都很好，在他的帮助下，很多员工也转型成为老板。

比如老张，2010年的时候，恩诚建立伊始就加入公司，负责后勤工人管理，帮忙招工人，也负责工人的日常事务和纠纷处理。第二年，老张打算自己出去承包工程，胡建成给他介绍如何注册公司，如何申请外劳等一系列注意事项，也介绍了注册公司的秘书和会计给他。老张出去之后，通过自己的勤恳努力，事业发展颇顺，不仅买了办公室和公寓，也买了好车，还把老婆孩子接来新加坡。再如小徐，2011年上半年在恩诚主管人力资源，主要负责申请和管理工人，她工作认真又善于学习，能主动发问和总结经验。半年后，小徐自己开劳务中介公司，也与人合作经营建筑承包公司。近十年来，她脚踏实地，步步为营，虽然没有大富大贵，但一家人的小日子也是过得有声有色。“在成就自己的同时，也要带动周围的人创业，共同进步。”类似这样从恩诚出去创业的还有不少，如财务葛玉梅成立会计事务所和审计公司，工程预算员陈威琦成立自己的房地产咨询公司，等等。

这些人有的离开恩诚后，自己当了多年老板，见了胡建成还是称他为“老板”，这一声“老板”已经不再是上下级关系，从恭敬变成亲切，体现了对恩诚的认同，这也是胡建成一直致力营造的归属感。

因为感恩，所以敬畏

作为一个建筑分包商，上要感恩业主和总包，下要感恩同事和工友，前者给了自己项目，后者帮助自己完成项目，从上到下都是自己的衣食父母，能不尽心尽责吗？胡建成把这种“感恩”当成一场修炼，“日三省吾身”，寻找自己做得不足的地方，有则改之无则加勉，以免有负于人。建筑业本就是事故多发行业，一个小小的错误，可能就会让企业从上到下付出很大的代价。张爱玲说“因为懂得，所以慈悲”，这句话放在胡建成身上就成了：因为感恩，所以敬畏。

本着敬畏之心，恩诚创立多年来，一直没有出过什么大的事故，但百密难免一疏，千虑难免一失，胡建成至今对2019年的那场事故耿耿于怀，在那段黑暗的日子里他差点得了抑郁症，以至于向来没有抽烟习惯的他竟也情不自禁地拿起烟抽起来，反常的举动震惊了所有的同事，“他们心里懂我的压力，无言相对，只是默默递了根烟”。

出事的那天早上，胡建成正在印尼的一家五星级酒店享受着丰盛的早餐。这天阳光明媚，胡建成的心情也像天气一样风和日丽，突然手机铃响，来电者是工地上的一位项目经理。听完电话，胡建成刚才灿烂的天空刹那间阴云四布，暴风雨不期而至。原来，电话里说有个工人高空坠落，情况紧急，已叫救护车送走。胡建成立马扔下筷子直奔机场，“我知道施工现场情况，也可以想象工伤如何发生，在飞机上默默为工友祈祷，也祈祷人力部不要停工”。

但胡建成的祈祷并没有奏效，第二天人力部就下令工地全面停工，并且派人检查总包名下所有工地的安全状况。按照新加坡法律规定，这次工地因安全事故而被全面停工后，公司三个月内不可以申请外劳，而且还有类似国内交通违章一样的扣分，一下子被扣了12分的安全罚分，最直接的影响是总包六个月内不可以投标政府项目，“对一家A1企业不能投标政府项目，连投标机会都没有，困境可想而知”。一下来了个全面停工令，一场1.7亿元人民币的组屋项目化作乌有，损失之大令人扼腕。

而这一切原来是可以避免的，已经搭好的脚手架，由于项目部管理人员经验不足，贪图省事，没有满铺脚手板，而用安全生命线去绑，工人在上面作业也疏忽大意，没有扣挂生命线，一不小心就从高空跌落。

那段时间胡建成一站在工地，眼前似乎就出现了工人跌落的一幕，一颗心就像浪潮中的礁石，被猛烈拍打着：“想想ICU里的员工，想想员工家人的悲痛，想想这本可以避免的事故，想想这事故给总包所造成的损失，无地自容，恨不得一了百了。”“一个人的错，却要整个公司来承担。”“突然感觉自己是多么的无奈，感觉自己是如此的渺小，感觉自己是多么的无能，感觉自己是明知不可为而为之，因为自己的错，却给世界带来这么大的痛苦。怀疑自己是不是做建筑的料，甚至想到了放弃。”

其实，这样的错误主要原因并不在胡建成身上，作为公司的主要管理者，更重要的是运筹帷幄，而无法事必躬亲，但他认为自己作为一个“小雇主”，理应承担更大更多的责任，对自己有更高的要求。建筑公司质量为本，安全为本，不能没有好的监控系统，大公司往往有专门的工程部或质量部，相当于第三方独立监督，而中小型公司本小利薄，无法养活专门的监督管理人员，只能靠项目经理或老板经常下工地，自己监督和把握。“中小型老板的素质要求会更高，往往是某一方面的专家，你要想如何在社会立足，如何在竞争中生存，要想核心竞争力，并且要时刻改变和保持竞争优势”，新加坡“小雇主”为什么都一专多能，都是逼出来的！

如今，出事的员工早已经康复，但这场事故就像一颗钉子插入木头里，钉子固然拔出来了，伤疤却永远难以抹平，胡建成将之视为血的教训，如警钟长鸣耳畔，不断警醒自己。

感恩与悔过是一对同胞兄弟，感别人的恩，悔自己的过，要想回报别人的给予，最重要的就是自己少犯错。中小建筑商抗风险能力有限，更要时刻心存敬畏之心，这些年来，胡建成亲眼看到了不少同行有热烈非凡的开局，却纷纷走向惨淡的收场，“眼看他起高楼，眼看他楼塌了”。宁可无功也不能有过，在新加坡建筑市场，一个小小的失误就可能带来致命的后果，而这样的谨慎心态，正是恩诚十年稳步向前的保证。

乱云飞渡仍从容。恩诚建筑创立十年，面对的是新加坡建筑业前所未有之大变局，如果不是以感恩的心态看待世界，恐怕很难风轻云淡地走过市场的风风雨雨。

做实业最难的是大环境的变化。2010年以来，新加坡经济增速放缓，产业不景气，企业盈利下降，失业人口数量不断增多。政府为了减少对外劳的依赖，给本地人创造更多的就业机会，屡次提高劳工税，导致劳工税甚至比劳工到手的收入还多，可谓本末倒置。由于新加坡建筑业几乎都是外劳打天下，给建筑业的承包商们造成了很大的压力，其中主要的压力承载方就是胡建成这样的中小企业。大的建筑公司往往都是跨国公司和上市公司，拥有雄厚资金和高级资质，接到工程后，层层分包，他们一般不需要养劳工，真正手上有劳工的，就是恩诚这样的中小型建筑企业。

另外一点是劳工集体宿舍制度的建立。建筑工地的工人原本都是住在工地的临时宿舍的，一如胡建成刚来新加坡时那样。但是工地宿舍由于环境卫生等问题，容易遭到附近居民的抵制和投诉，于是新加坡政府改变了策略，拨地让经营业者投标兴建宿舍，至2020年已经形成了43个大型宿舍群，每个大型宿舍居住的员工多达万人以上，另外还有工厂宿舍等改建的数量众多的中小型宿舍。政府规定所有建筑外劳都必须登记和住在合法的劳工宿舍，集中管理，自由的工地生活从此一去不复返。

员工集体宿舍的建立，给建筑业带来了无穷的烦恼。对于承包商来说，每个月要给工人们缴纳一笔住宿费，此外还得每天安排车辆来回接送，交通费也是一笔不小的开支。对于工人们来说，由于这些劳工宿舍大部分在远离市区的地方，通勤距离长，每天不得不早起晚睡，再加上来回奔波，体力上是一场消耗，工效也会降低。

作为一个首当其冲的中小承包商，胡建成面对政府政策的变化，也是叫苦不迭，但他也认为，在看待这些变化的时候，要抱以感恩的思想。首先，新加坡制度上的公正和透明，使得新加坡的建筑市场在混乱无序的东南亚成为避风港，没有这个温室的呵护，恐怕很多建筑企业早就在风雨中夭折了。

再者，新加坡政府有一个巧妙的平衡战略，当经济形势好的时候，私人住宅项目比较多，政府的公共工程项目便会缓建，当经济形势不好，私人项目疲软时，政府便会加快公共工程项目，以协助小型建筑商渡过难关。近年来经济行情不好，政府占60%的投资，大部分为公共基建项目。从这一点来看，作为“小雇主”之一，首先要懂得感恩政府，没有政府的项目，恐怕大部分“小雇主”早就喝西北风去了。

诚然，政府在制定政策的时候没办法那么完美，顾此往往失彼，但不以一眚掩大德，切不可因为被紫外线灼伤就否定阳光的照耀。对政府的劳工税和集体宿舍政策，胡建成也是不以为然，也曾愤怒抨击，只是他明白，批评和感恩并不矛盾，“若批评不自由，则赞美无意义”，但是国家制度主流上是好的，忽略了这一点，就很容易陷入偏执和狭隘的格局中。

很多同行不懂感恩，只知索取，面对变化，一味抱怨，多怨则失去诚心，易为“不逊”，进而作奸犯科，无所不为，这也成为公司短命的重要原因。每年，新加坡因为没安排客工住进集体宿舍，都有成千以上雇主遭到人力部惩罚。新加坡的外劳有配额限制，每雇用一名本地员工才能配备一定的外劳数额，有的公司为了申请外劳，弄了很多本地的“幽灵员工”，只交公积金，不用上班，以获取足够名额来申请外劳。一旦被举报，新加坡政府就严查，很多承包商因而触犯法律，锒铛入狱。更甚者，有的承包商为了节省成本，偷工减料，或者安全功课没做足，酿成重大事故将工人和公司的前途都送入绝境。殷鉴不远，胡建成常常告诫自己，不能感恩做人，不愿以诚处世，最后必然是行之不远的。

心灵是一面镜子，里面装着什么取决于你面向哪里。以感恩的心态面对生活，让心灵的镜子照向光明，生活才会充满阳光。

良师益友，同怀视之

恩诚运行初期，由于Bamoral工地进退两难，胡建成特地去向自己的朋友庄律师请教，看看能不能用法律的手段解决问题，结果被庄律师狠狠教训了一番。庄律师告诫他说，打官司不仅要靠律师，更要靠自己的知识积累，最好的律师恰恰就是你自己。为此，庄律师建议胡建成多花点时间看书、学习，不断提高。他说自己一大把年纪了，一有空还要翻英国大法官的书籍，还要读毛泽东诗词，你年纪比我小得多，更要努力。听了这番话，胡建成惭愧不已，后来他常以此鞭策自己，提醒自己在工作中保持一颗学习的心。

30岁之前，胡建成的学习主要是专业性的学习，不论是哈工大四年国际工程管理专业，还是中建南洋四年实践中学习施工相关知识，都为他后来的创业打下了基础；而30岁之后，随着创业的深入，胡建成越来越感受到个人商业管理知识和经验的缺乏，“企业要想扩大，你的眼界，你的学识，你的经验，都很重要，尤其对公司未来发展如何定位，如何对公司经营管理，如何和合作伙伴交往，如何和上下游企业商业谈判，都需要不断探索”。想到自己毕竟是一个小小预算员出身的人，在新加坡没有任何亲戚朋友可以依靠，没有谁可以帮忙出主意、可以一起商量，遇到难题只能靠自己去琢磨，靠自己去领悟。在这种背景下，自己的犯错空间十分小，别人或许有试错成本，自己无依无靠，更要加倍小心，因此总想吸取别人的教训，少走一些弯路。于是胡建成选择了继续读书这条路，希望从老师那里再学习，从书本那里再学习，从同学那里再学习。

从2010年开始，胡建成前后读了三个硕士。三个硕士的学习，成本和精力的投入，不是一般人能承受和愿意付出的，但胡建成认为学有所值，他说：“我通过学习，了解了更优秀的企业家，更了解了人生的追求，可以用更好的知识去管理和带领公司。”三次在职硕士的学习，也让胡建成更深入地体会了在职读书的意义，他认为边工作边读书，能更清楚地了解自己需要的是什么，能够将理论与实践相结合，在学习的过程中更有针对性，观点更成熟，达到真正的学以致用，这也正是“知行合一”的体现，“大学之道，要开放给需要的职场人士，要鼓励人们终身学习，只要大家有向学之心就能来读书，给大家更多的提升或转型机会”。

2010年，胡建成申请了南洋理工大学国际施工管理硕士课程，和全日制学生一起学习。南洋理工大学前身为1955年由民间筹款创办的南洋大学，倡办人为新马胶业巨子陈六使先生，1980年，南洋大学和新加坡大学合并，成立新加坡国立大学，第二年，新加坡政府在南洋大学校址成立南洋理工学院，1991年更名为南洋理工大学，如今已成为世界上最顶尖的工程学院之一。在南洋理工大学，胡建成利用晚上和周末时间学习，陆续考完了10门课，拿到了硕士文凭。南洋理工大学两年的学习，让胡建成交了不少好友，如盛玉坤、郭豫川、尹伟、缪有武、陈威琦、葛彤、封明安、方占星等，或者成为同事，或者成为事业伙伴，或者成为一生的同学和朋友。

更重要的是，胡建成在专业上把国内所学的知识与实践中所领悟的经验，加上这次的理论学习，三者互相融合，多有心得。特别是这里中英文相结合，中西文化相结合的教学风格，使他不论在专业知识上，英语水平上，还是眼界开拓上，都提升了一个很大的档次，专业读完以后，越咀嚼越有滋味，于是2012年从南洋理工大学硕士毕业后，他意犹未尽，再接再厉，又申请了新加坡国立大学的EMBA班。

新加坡国立大学（以下简称新国大）源于1905年设立的英王爱德华七世医学院，是新加坡历史最悠久的大学，也是亚洲首屈一指的高等学府，在教学、研究以及创业方面于世界上都具有卓越的领先优势。新国大EMBA班门槛较高，学费不菲，胡建成当时的学费是8.7万元新币（目前的学费14万元新币）。因此，能到这里就读的都是企业要达到一定规模的企业家或者企业高管，他们往往在各自行业已经有了一定的成就，如中航油的陈九霖，美的集团的方洪波等。而且即使有钱也不一定就能入读，学历至少在本科以上，或者通过学校的特殊招聘才能入学。

在新国大，名教授的精彩演讲，导师的渊博学问，学校的严谨学风，国际化的游学模式，都让胡建成收获颇丰。课堂上，胡建成从老师的讲授中进一步理解了领导力、商业竞争、财务管理、市场营销等商业知识，特别是陈春花老师的很多管理理念让他耳目一新，他也牢牢记住了陈老师的很多金句，如："我们的对手就是我们自己，做转型的目标不是向生而死，而是向生而生。"班上，亚洲各行各业的商界精英同堂研学，频繁过招。胡建成是同学中年纪最轻的，而班上许多同学早已经功成名就，"你遇到的难题，也许人家十年前就有好的解决方案了"。

两年的游学时光，与这些同学的朝夕过从，原本许多百思不得其解的问题，渐渐豁然开朗，真是“听君一席话，胜读十年书”。

2017年，胡建成又报读了清华大学五道口金融学院的“一带一路”金融EMBA班，成为首期班学员。清华大学五道口金融学院的前身是中国人民银行研究生部，是中国金融系统第一所专门培养金融高级管理人才的高等学府，由于坐落于北京市海淀区五道口，人们亲切地称其为“五道口”。清华大学五道口金融学院的“一带一路”金融EMBA班在马来西亚、印尼、新加坡、越南等不同地方上课，广聚各国商业领袖，是目前亚洲最顶级的EMBA之一。

“英语教学，知识广阔，各国时下最新金融政策法规，目不暇接”，胡建成如此点评。班上聚集了东南亚政商两界精英，不仅有投资界的“东方巴菲特”、阿里巴巴和蚂蚁金服大佬等，也有政界在任“财政部部长”，同学平时思想论剑，火花迭出。胡建成也渴望从EMBA的学习中了解更多金融知识和投资理论。未来胡建成打算在继续创办实业的同时，于投资领域也有更大的作为，从而真正实现财务自由，为走向文艺的最终归宿、达到精神自由的境界打下物质基础。

“虽富贵不易其心，虽贫贱不移其行；以通经学古为高，以救时行道为贤”，这是胡建成最喜欢的对联之一，出自晚清名臣张之洞之手。张之洞学问和事功都不愧一代之选，是胡建成非常崇拜的人物，虽然自问无法像张之洞一样既能“通古学经”，又能“救时行道”，但未敢懈怠，一路前行，亦足以慰平生。

创业不仅需要自我学习提升，也需要良师益友相助。当然，每个人都需要良师益友，在良师益友的影响下，我们可以时常改正自身缺点，不断完善自我，使自己变成更成熟、更优秀的人。创业者尤其需要良师益友，因为创业的路上你会遇到很多诱惑，“乱花渐欲迷人眼”，也可能遭遇不少大起大落，“拔剑四顾心茫然”，良师益友可以在你得意时提醒你不要忘形，在你失意时鼓励你不要消沉，他们会用自己的经验帮你分析利弊，指点迷津，让你少走很多弯路，提出各种有用的建议，让你的创业之路更加平坦。

“刚创业的时候，人在异国他乡，也没开过公司，遇到困难，幸亏有两位老师做顾问，受益匪浅”，胡建成提到的这两位老师，一个叫Jeffery Wong，胡建成称他虎哥，虎哥原来是中东一家经营水泥业务的跨国公司在新加坡的总经理，因此对建筑业非常了解，于公司经营管理上也是前辈了，一些经验之谈常让胡建成有茅塞顿开之感，而且虎哥经验丰富，就像一座富矿，采之不绝。另外一位就是前面华庭关闭时提到的杨律师了，新加坡是法治成熟的国度，出现纠纷往往都要走法律途径，有一个律师朋友很重要，他能在法律问题上给你答疑，安全感增加不少。何况杨律师是个经验丰富的律师，疑难杂案经手不知凡几，不仅深谙各种规章制度，对于人情世故更是有自己独特的观察和感悟，这些都是宝贵的财富。

40岁之后，胡建成面对着新的创业格局，将再次进入更专业、更精细化的学习。他一直在努力寻找公司的核心价值和竞争力，把个人能力和团队的成长，把成长中获得的经验永远置于金钱之上，从而让公司的发展获得源源不断的动力。

创业之初，虎哥和杨律师给了胡建成很大的帮助。那时胡建成初出茅庐，不知道什么是股东，什么是董事，也不明白不同位置责任的区别，遇到股东之间的分分合合，遇到分包商之间的纠纷，遇到商场上的角逐，常常陷入困惑。虎哥和杨律师给了胡建成很多的建议，帮他走出创业的迷雾。如今，随着年龄的增长，经验的丰富，知识的积累，胡建成已非吴下阿蒙，他在感恩老大哥给自己帮助的同时，也很愿意把自己的经验与年轻人分享，希望更多年轻的创业者从自己的故事中学到东西，闯出精彩的世界，同时也能给社会带来回报。

11

达人立己方为建 破茧成蝶始是成

“谁能想到丑陋的一个蛹，竟能变成翩翩的蝴蝶模样”，这是李敖的诗《我将归来开放》中的句子。纵观胡建成从学生时代到创业时期的奋斗历程，可以说，就是这么一个蝶变的过程，他从30年前浙江宁海山区一个放牛娃到如今一家跨国公司的掌舵人，其间几次破茧，不断地自我蜕变。

敢于破势，转型总包

时代的一粒灰，落到一个行业身上，有时就是一座山。新加坡国土狭小，不得不与海争地，至今22%的领土都是靠填海得来的，而每填海一平方公里，就需要7 000万吨的砂石，这也让小小的新加坡成了世界最大的砂石进口国之一。由于从邻国购买能节省运输成本，马来西亚与印尼成了新加坡主要的砂石供应国。不过，随着新加坡“长”得愈来愈大，这两国开始担忧有朝一日，新加坡的土地会非常贴近马属与印属岛屿。于是，1997年，马来西亚禁止了两国间的砂石交易，印尼遂成为新加坡最重要的砂石进口国。一晃10年过去，2007年2月，印尼政府突然下令严禁对外出口砂石，并加大了砂石海运的管制力度，理由是他们发现新加坡正在企图扩大领土，从而掌握更多海洋资源，已经对印尼形成了威胁。

国家的博弈，殃及建筑业的池鱼。印尼禁止出口砂石之后，新加坡进口砂石只能舍近求远，结果引发了“砂石危机”，60块钱的混凝土涨到了200块钱，价格涨了三倍还多，这一下要了很多施工企业的命。因为新加坡的工程项目多为总价合同，合同定了之后除非工程变更，否则不可更改，而材料涨价并不在变更的范围内。那时候晶艺正在承包CWT的第一场工，由于洋灰涨价，下得越多亏得越多，合同签了又不能毁约，晶艺作为一家诚信的承包商，自然不会推卸责任，于是尽最大努力履行合约，想办法节省成本，按时间保质量完成项目。尽管这个项目差点让晶艺亏得血本无归，但其坚持与负责却为自己赢得了良好的信誉。

到了2008年的时候，“砂石危机”才告一段落，以美国“两房”事件为代表的次贷危机又席卷而来，新加坡本是小国，抵抗力差，经济又高度外向，自然难逃一劫。这一年，新加坡建筑业开始出现不少在建工程因经济危机延期而取消的现象。幸而，金沙赌场和滨海湾金融中心等大工程的开建，如鲶鱼效应一样激活了新加坡的建筑市场。这时新加坡政府也出来救市，为减缓建筑业所面临的压力，采取了大量的措施，同时大量外资的涌入，推动了新加坡建筑业的发展。而前一年在“砂石危机”中诚信负责的晶艺也得到了CWT集团的信任与厚爱，此后十年，CWT、C&P与晶艺建立了长期合作关系，双方互惠互利，比翼齐飞，恩诚作为分包，也跟着分享了这一红利。

当胡建成出来创业的时候，前有“砂石危机”的前车之鉴，后有金融危机的泰山压顶，这个时候很多人看不清形势，束手束脚，就连不少业界大佬也纷纷作壁上观，不敢以身犯险。因此，当胡建成准备创业的时候，一些熟识的朋友纷纷善意劝他先观望一下，等形势明朗了再做打算不迟，毕竟金融危机阴霾未散，辞职就应是一件很慎重的事情，更遑论创业。但胡建成认为：“创业的时候，不应该考虑那么多，等到你把‘势’看清了，创业最好的时机也就失去了。”就像房价和股市一样，赚钱的时候往往也是形势最为扑朔迷离的时候。

创业，打破思维定势很重要。胡建成当时觉得自己不过是一个小小的预算员，也不用自己出资，从金钱到地位都没有什么好失去的，所谓光脚的不怕穿鞋的，这才敢于豁出去，大不了失败了重新选择做预算员。不要因为你处于低处而自卑，正是因为站在最低处，所以你的方向只能向上，而没有掉下来的危险，这样，你的劣势反而成了你的优势。要打破阶层固化，最关键的是打破精神枷锁，打破思维定势，人生的进步需要不断挣脱那些命运对你的设定，不断地突围。

但是，比起创业之初的"破势"，创业中途的"破势"难度更大。因为这个时候你往往在本领域内有所成就，适应了所在领域的思维模式，习惯了所在领域的赚钱方式。虽然最好的红利期已经过去，外部的环境日益逼仄，但是一般人还是会选择固守，除非真的走到无利可图的地步，才会想起转型。然而，真的等到那一天，很可能已经失去了转型的最好机会了。近年来，胡建成特别引以为豪的一件事情，就是下定决心不再一味固守分包领域，涉足总包领域，这成了他最大胆的一次"破势"的尝试。

为了寻找出路，胡建成决定突破自我，扛起了二次创业的旗子。2018年，胡建成带领恩诚的团队，开始了前所未有的尝试，从分包转型做总包。

在公司上下的努力之下，2019年4月恩诚中标第一个总包项目，即邻里购物中心的翻新项目，2020年2月中标PUB公共水电局泵房翻新工程，2020年4月中标政府HDB建屋局的两项维修工程，局面又重新打开了。

总包和分包看似都在干承包，但一字之差，判若云泥。做分包的时候，胡建成往工地一站，就知道项目该往哪个方向走，未来几周需要多少工人，需要什么样的支援。项目的走向并不需要自己操心，只需等着总包创造工作面，按部就班去做即可，“我带着几位现场经理，只要有工作面，只要有工人，就有我们的舞台，就可以闯天下”。

身为一个从来不做施工设计和方案的包工头，胡建成当了总包后，却要面对业主、建筑师、专业结构工程师，手口并用，唾沫乱飞，谈进度、给方案、答技术、绘蓝图，唇枪舌战，有时候自己讲的连自己心里也没底，但表面上却要镇定自若，胸有成竹。好在新加坡的老板多是专业型的，管理能力、专业知识、敬业态度都是国际模范，凡事亲力亲为不假人手，长期以来，个个磨炼成多面手，适应力很强。

“做总包，你需要核心团队，不仅仅是你一个人的努力，至少得有项目经理、技术工程师、合约经理等，靠的是团队的配合”，而这也是胡建成最烦恼和焦虑的事情：“好的团队，好的人才，凭什么要跟着小公司的你，而不去大公司的舞台呢？”“绕树三匝，何枝可依”，要吸引人才，自己必须拿出比那些大公司更多的诚意，这也将是未来胡建成所必须努力去思考的东西。从分包到总包，是个很艰难的转型，很多公司闯不过这一关，只有做好团队和平台的建设才有成功的可能性，需要“四有”——有资金，有资质，有团队，有战略。

目前，胡建成已经建立起总包的队伍，包括项目经理、合约经理、设计团队等，实行以项目带动发展，不断往更高层次努力的发展策略，未来恩诚将朝着拿到A1资质和上市的方向不断前行。胡建成自己也在不断努力学习和总包相关的专业知识，与团队一起为了美好的梦想奋斗。

扬帆出海，走向国际

如果说恩诚从分包转型总包是苦练内功，提升自己的能力层级，那么恩诚从新加坡走向国外就是施展外功，到外面大施拳脚。内外兼修，这也是恩诚近几年最重要的发展战略。

走向国际化，最初是因为胡建成在读EMBA，了解了中国“一带一路”的部署，加上读书时同学人脉的拓展和视野格局的扩大，眼光已经跳出了新加坡，渴望到更广阔的天地实现一番更大的作为。再者，几年来恩诚分包业务稳定，一年的产值近1亿新币，利润可观，总包有晶艺在，自己跟着干就好，虽然稳定，但总觉平淡一点。如果能够走向国际化，或许可以谱写出更精彩的故事，就像一个离开家庭去闯荡的孩子，总觉得外面的世界有着无穷的吸引力，“人嘛，贵在尝试，贵在闯荡，即使失败了，也是好的教训”。

恩诚建筑从一家C3级的建筑承包商逐渐发展到B1级，如果没有新冠疫情的影响，公司本来会在2020年拿到A2资质，并朝着A1的目标继续前进，跻身新加坡头部建筑企业行列。当然疫情也不可能阻挡恩诚前进的脚步，A2资质虽然会因疫情而缓拿，但以公司目前的发展态势，晋升A2不过是水到渠成的事情。这一点胡建成也完全不担心，而上升到A2之后，公司如何借助更高的平台，以更大的格局去发展，才是他真正要操心的事情。对此，胡建成已经提前两三年就开始布局，未雨绸缪，迈出了国际化的步伐。

经过这么多年的发展，新加坡建筑业早已经是一片红海，短兵交接，血雨腥风。群雄逐鹿，能者居之。新加坡吸引各国建筑商纷纷前来扎营竞争，把新加坡当作出海的桥头堡和练兵场，大项目被外来的跨国企业攫取，由来已久，只因本地的企业往往固守一隅，战斗力不如那些外来者。因此政府也鼓励本地企业积极走出去，在外面的世界中提升战斗力。何况，新加坡本地市场已经严重饱和，僧多粥少，2015年以来建筑业持续不景气，那些原本踌躇满志的企业也渐渐弹尽粮绝，为了填饱肚子，很多承包商不得不退而求其次，以前看不上眼的项目现在也接了，以前看不上眼的价格现在也认了。这是权宜之计，也是形势使然，但对于一家有追求的企业来说，并非长久之计，必须想办法“突围”。新加坡风景虽好，看久了也会腻，世界那么大，怎能不出去看看？于是，胡建成和白总共同制定了公司未来的发展战略，即立足新加坡，辐射东盟十国，迈向国际建筑市场。

恩诚走向国际化的两大桥头堡是马来西亚和柬埔寨。新马两国本是一家，兄弟之邦，棠棣之华，往来密切，血浓于水，去那边发展“排异反应”会比较小。而柬埔寨虽然是世界上最俭朴的国家之一，基础设施落后，但也正因此发展潜力巨大，目前已成了世界上经济增长最快的国家之一。而且柬埔寨的旅游资源非常丰富，开放的市场环境与便利的投资政策吸引了不少投资者。

2017年初，胡建成带领恩诚参与了碧桂园在马来西亚新山投资的巨无霸项目——森林城市，走出了恩诚国际化的第一步。森林城市项目因广告而名噪一时，国内购房者蜂拥而至，各大施工企业也是纷至沓来。

只是还没等胡建成从这场群雄毕至的饕餮盛宴中分一杯羹，已经先挨了当头一棒，“虽一峡之隔，两公里之遥，却是两个国家，真正的咫尺天涯，各种体制和规矩都不一样”。幸好“千淘万漉虽辛苦，吹尽狂沙始到金”，森林城市项目历经坎坷，终于淘到了公司国际化的第一桶金。

马来西亚项目得到了业界的一致好评，为恩诚向东南亚其他国家进军树立了信心，也奠定了公司管理队伍的基础。

2019年初，应中建三局邀请，恩诚承建了位于柬埔寨金边的公寓项目，在胡建成的战略规划和分公司领导高维权的身体力行下，恩诚展现了惊人的效率，一个月不到的时间，就完成了从挂牌到正常化运营的转变。2月18日恩诚柬埔寨子公司成立，3月15日第一批工作人员就进入建筑现场，4月初正式接手两栋33层的公寓楼建设工作，很快打造了一支汇集了4国工作人员、200余人的施工队伍，马不停蹄开始了建设。

胡建成对柬埔寨子公司满怀信心：“我们有新加坡管理经验，有懂英语的管理团队，有管理中国、孟加拉国、缅甸劳工等施工经验，成本肯定比完全是中国劳工的队伍有优势，工效却比完全是当地劳工的队伍有优势。”

近年来的国际化道路，在不断的摸爬滚打中，胡建成也体悟出了不少独到的经验教训：

“与大企业共舞，你得有独门武功。小企业在大舞台要想脱颖而出，必须有自己的独门撒手锏。

“要有所为，有所不为。凡事把握一个度很重要，分寸没有掌握好，最终可能危及全局。

“要学会选择项目，学会如何去鉴别一个项目的优劣，把控资金安全，甄别市场环境，选择好的分包和供应商。

“新加坡是东南亚的眼睛，也是东南亚的金融中心和物流中心，东盟各国都首选在新加坡谈合作，大家可以在新加坡喝着咖啡，谈着各国的生意。因此，立足新加坡很重要，根据地稳了，才能谈向外发展。

“国际化，既要敢于做，也要懂得收，既要长期耕耘，也要懂得放弃，收与放，舍与得是一门大学问，也考验掌舵者的决策能力。”

文化传播，饮水思源

在国际化的同时，胡建成也率领恩诚尝试多元化发展，2015年创办了恩诚晶艺（杭州）模具制造有限公司，投身制造业。选择在杭州开公司，首先因为胡建成是浙江人，实业回报家乡一直是他的理想。而选择模具业，一来是有好的合作伙伴，也就是胡建成新国大EMBA的同学许跃。许跃是班上的老大哥，拥有海内外多家企业，他在繁忙的事业中还坚持学习，拿到了三个硕士学位和两个博士学位，是胡建成非常佩服的人物，和他合作自然更加胸有成竹。二来胡建成的老家宁海是中国模具之乡，胡建成的哥哥胡孝程也常年从事模具行业，无论是经验，还是感情，模具行业都是理想的选择。胡建成也把恩诚晶艺（杭州）模具制造有限公司作为自己进入中国市场的一个窗口，力求为未来继续拓展中国市场，成就更大的格局打下基础。

2016年10月20日，胡建成创办的恩诚晶艺（新加坡）美术馆开馆，标志着他正式投身文化传播产业。恩诚晶艺（新加坡）美术馆不仅仅是一项简单的产业，更寄托了胡建成的使命和情怀。

因为工作的缘故，胡建成常常往返新马两地，亲眼看到了马来西亚华文教育的情形。在马来西亚，无论是现代化的首都吉隆坡，还是偏僻的乡村，到处可以看到华文的招牌，听到华语的声音，这与当地华人一百多年来对华文教育的坚守与执着分不开。英国殖民统治时期，在马来西亚推行英文教育，对华校断绝经费支持，马来西亚独立后，政府更是推行消灭华文教育的计划。但马来西亚华人威武不能屈，在林连玉、沈慕羽等先贤带领下坚持抗争，把华文教育视为华族文化的最后堡垒，即使政府不承认华校文凭，甚至切断经费，依然坚持华文教育，沈慕羽为此三次坐牢，仍矢志不渝。见证马来西亚华文教育的盛况，再对比新加坡华文教育的凋零，胡建成更感责任之重大。

1965年新加坡独立之时，其所面临的地区形势并不乐观。当时东南亚各国普遍弥漫着一股反华、排华的风气，作为以华人为主体的国家，新加坡更是四面楚歌。在这种时刻，新加坡领导人制定了“以英语为官方语言”的国策，不仅化解了可能出现的、针对新加坡的反华浪潮，也为新加坡公民走向世界、与国际接轨定下了调子和步伐。但凡事往往利弊互见，新加坡的大多数华人在走向世界的过程中，也趋利性地放弃了下一代的华文教育，等到发现了这一问题的弊端，再想扭转局面，已经积重难返，正如李光耀所说，“太迟了”。

胡建成曾认真了解了海外唯一一所华文大学——新加坡南洋大学从诞生到关闭那一段可歌可泣的故事，对陈六使等先辈的精神甚为敬仰。“哲人日已远，典刑在夙昔”，无论是创办新加坡南洋大学的陈嘉庚族亲陈六使，还是北马橡胶巨擘林连登，再到马来西亚族魂林连玉、族英沈慕羽，他们一生捍卫华文教育，守护华族文化，精诚贯日，足以成为后辈楷模，胡建成渴望追随先贤的道路，擎一个火把，发一分光，吸引更多的人共同加入这项伟大的事业当中。

随着中国的崛起和在国际社会影响力的日益增大，新加坡政府也在努力宣传和加强华文教育，推广和发扬华族传统文化，但是衰久再兴，谈何容易，所以收效甚微。胡建成认为在新加坡复兴华族文化，不仅仅要靠自上而下的政府力量，更要靠自下而上的民间力量，只有两股力量汇流，才能产生强大的推力。

于是，2016年的时候，胡建成身体力行，创办了恩诚晶艺（新加坡）美术馆，旨在推广中国文化，发展馆藏艺术，举办书画展览及提供文化培训。恩诚晶艺（新加坡）美术馆成立后，先后承办了“中新八大家画展”“民国高僧文人书画展”“青春的飞扬——纪念五四运动100周年名人墨迹展”等系列大型书画展，并不时邀请中新书画名家来馆开展讲座和互动交流。此外，胡建成还与一群艺术爱好者发起成立“新加坡文化艺术协会”，举办各种文化活动，为中新文化的交流和互动，为华族文化的传承和发展助力。

恩诚晶艺（新加坡）美术馆每年也会进行书画艺术品义卖，目的在于“通过艺术的形式回馈社会，从而把爱心带到需要被关注的弱势群体中去”，“以书画展览形式传播慈善公益，反之也用公益活动宣传华族文化”，可谓一举两得。

致力于传播华族文化的同时，胡建成自己并没有袖手旁观，更确切地说，他自始至终没有远离过艺术。早年在中建南洋的时候，住工地宿舍，宿舍简陋嘈杂，他闹中取静，忙里偷闲，算完账就练字，后来三次参加中资企业（新加坡）协会爱国者杯书法大赛均获得成人组一等奖，可见用功之勤。创业后事务繁忙，一度只有“斗法”没有书法，直到事业有所起色，生活日渐安定，胡建成才重新拿起笔来，每日抽出一定时间，出碑入帖，乐以忘忧。

恩诚晶艺（新加坡）美术馆的成立和相关活动的开展反过来给胡建成创造了一个自我提升的平台。频繁接触名家真迹，时常徜徉在笔精墨妙、风雅悠远的意境中，顾盼生姿，耳濡目染，气自升华。近距离观摩各位名家现场挥毫泼墨，转益多师，每有所得，“像李刚田老师现场演示书法，像查律老师手把手教我如何临魏碑”。借助这个平台，胡建成还结识了不少志同道合的艺友兼益友，彼此切磋，互相提升，其中志趣最投、感情最深、故事最多的莫过于“南洋七子”结社，“七子者，本自神州，旅居南洋，自醉心于诗书画印之艺，聚而为友，慕建安之才，追竹林之逸，效兰亭之集，研寒庐之技。各施所长，欲窥先贤之能，群策群力，力播中华之艺”。

为了进一步提高水平，胡建成还拜日本著名书画篆刻家师村妙石为师，每次师村老师去中国，总会跟胡建成视频一下，耳提面命，提醒他要不断进步。“眼界的开阔，自然而然带来手技的提高”，如今，胡建成的书法水平日益精进，受到业内普遍好评，作品被作为礼物赠给新加坡副总理兼财政部部长王瑞杰等，还被聘为浙江云台书院名誉院长。

来新加坡十几年，胡建成认识了不少老一辈的商业翘楚，“他们在商场上杀伐决断，在生活里温文尔雅，爱好中华传统文化，尊重儒学思想”，让他引为榜样。其中胡建成最佩服的人物莫过于庄老师，20年前，他把一个新加坡最高级别的建筑总包公司潇洒关停，从此退隐江湖。而后转型投资理财，投资了不少商业地产和书画艺术，“如今每次看到这些富有艺术味的名家字画，少则上千多则上万倍的回报，不仅是钱的富有，更是知识和艺术的享受”，胡建成自己虽不能至，却心向往之。

“长恨此身非我有，何时忘却营营”。从商和游艺本身就是矛盾的，财务自由和精神自由如鱼和熊掌难以兼得，如何打通两者之间的脉络，成就理想的人生，也是胡建成后半生着力追求的目标。

“既雕既琢，复归于朴”。书法之美，在于天姿秀逸，道法自然，返璞归真，无斧凿痕，无雕琢迹。王羲之“飘若浮云，矫若惊龙”，张旭“孤蓬自振，惊沙坐飞”，怀素“飞鸟入林，惊蛇出草”，皆师法自然，而后有大成。或许，他日，我们从胡建成的笔下可以看到他的精神返乡，仿佛又回到了那在帽峰山上自由奔跑，追风看云的日子……

破茧蝶变，立己达人

“谁能想到丑陋的一个蛹，竟能变成翩翩的蝴蝶模样”，这是李敖的诗《我将归来开放》中的句子。纵观胡建成从学生时代到创业时期的奋斗历程，可以说，就是这么一个蝶变的过程，他从30年前浙江宁海山区一个放牛娃到如今一家跨国公司的掌舵人，其间几次破茧，不断地自我蜕变。

让我们把时钟拨回胡建成就读初一那年，这一年他从乡下的山水中学转到镇里的梅林中学，山里娃的出身和原来的学校给他织了人生的第一个“茧”。这一时期，胡建成破茧的方式是用成绩来证明自己。用最纯粹的方式去赢得别人的尊重，这也是很多人工作后仍然怀念学校的原因。中国自有科举制度以来，无数的寒门学子通过读书这条路打破了命运的枷锁，实现了阶层的跳跃。成绩提升之后在班级里处境的迅速改变，已经带来了前后鲜明的对比，使胡建成深深地相信，读书是可以改变命运的，这也成了他学生时代奋斗的动力。

蝴蝶破茧的过程也是锻炼翅膀，变得坚强的过程，为展翅飞翔做准备的过程。在破茧的刹那，蝴蝶身体里的液体涌向翅膀，让翅膀变得更有力。如果有人帮助而省略掉奋力破茧的过程，蝴蝶在破茧以后就会因为翅膀的不够坚强有力而很快被自然淘汰。所以，胡建成也懂得了一个道理，想改变处境，还得靠自己。

贫穷是从学生时代到创业之前套在胡建成身上最大的一个“茧”。但贫穷并没有限制胡建成的想象力，上大学时，他抱着泡沫盒子大街小巷卖冰棍，发挥特长，用秀美的书法写上“马迭尔冰棍”几个大字作为招牌，困顿中没有失去对美好的追求；在上海金山建筑时，他没有因为自己收入菲薄和来自外省而放弃对爱情的追求，终于抱得美人归。胡建成也从来没有失去挣破贫穷之茧的渴望，这才有了后来的下南洋之举。其间，他毕业后原本有机会留在哈尔滨财政局工作，工作后也有机会和妻子在金山过着安逸的生活，这样的安排又给他套上了一个新的“茧”，使他一度有过内心的挣扎。所幸的是，他都一一挣脱了，虽然他来自底层，但是身体里向上的热气却从未冷却。

我们看问题常常会片面化，只看到茧的束缚，而忽视了茧对自己的培养和保护，实际上，没有了茧，也就不可能发生蝶变，这一点，胡建成是深深明白的。中建南洋四年合约，让胡建成困在集装箱工地宿舍里，却也培养了他，让他在施工中又上了一个“本科”，为日后创业奠定了基础。正是这四年，胡建成锤炼出了自己的翅膀，才有了创业后的飞翔。

所以，胡建成在破茧的同时也明白了感恩的道理，这对他后来和晶艺的合作起了至关重要的作用。老白的高压管理骂跑了不止一个分包，胡建成能坚持下来，其中一点是他懂得没有晶艺的平台就没有自己的未来，就像后来小白老板说的：“我老爸骂得有道理的，那叫训练；那些没有道理的，是对你的磨炼。”如果说中建南洋让自己长出了翅膀，那么跟着老白经受磨炼则让这双翅膀变得强硬，才能够真正经历风雨翱翔天际。同样，2017年，胡建成带领恩诚从分包转型总包，因为对总包的不熟悉，承受了很多坎坷和煎熬，但熟悉的地方没有风景，他也因此看到了许多自己以前看不到的美丽景色。

蝶变的过程对于昆虫来说非常痛苦，没有成功蝶变而死去的昆虫不在少数。创业亦是如此，能够忍耐蜕变的痛苦而坚持下来的并不多，很多企业都在这个过程中死掉了，消失了，也有的企业曾经风光一时，但是害怕蜕变的苦痛，不愿意去尝试，最终困死在茧内。但我们相信，一生中多次经历蜕变之痛的胡建成，一定有着比别人更强大的忍耐力和意志力，带领恩诚去创造更大的辉煌。

《庄子·齐物论》有一个“庄周化蝶”的故事：“昔者庄周梦为蝴蝶，栩栩然蝴蝶也，自喻适志与，不知周也。俄然觉，则蘧蘧然周也。不知周之梦为蝴蝶与，蝴蝶之梦为周与？周与蝴蝶，则必有分矣。此之谓物化。”对此，有一种解读是，庄周化为蝴蝶是追求理想，追求精神境界的丰盈与自由，这是出世阶段。而从蝴蝶再变为庄周则是从理想又回归现实，是入世阶段。庄子化蝶体现一个人从现实追求理想成功，成为理想之人，蜕变成功，有才能，再回归现实，把才能用于为人谋幸福上。

庄周化蝶的解说见仁见智，但是胡建成不断蝶变的过程确实与此观点是一致的，立己而立人，达己并达人，来日方长，胡建成的破茧之路还会不断走下去。

后记

在笔者的家乡福建闽南沿海一带，经常可以看到新加坡的华裔学生组团来此“寻根”“谒祖”。新加坡的人口中，华人占多数，而在新加坡的华人中，闽南人占了四成，以至于新加坡没有推广汉语普通话之前，闽南语（新加坡称为福建话）成了华族的通用语言。不过我觉得比起“血缘寻根”更重要的是“精神寻根”，这里要说一下闽南人的“番薯精神”。

闽南自古内陆多丘陵，海滨又多沙地，适合庄稼生长的肥田沃土非常有限。很多荒滩沙地种不得水稻，也养不活蔬菜，人们便见缝插针插上一畦番薯。番薯不挑地，只要有点土有阳光，剪茎藤，插上，便能成活。而且番薯喜好生地，越少栽种过的土壤结的番薯反而越多越香甜。因此灾荒年月里，陪人们熬过苦难的往往就是番薯。这样的“番薯精神”，不仅仅局限于闽南，在地理和自然条件相似的广东和福建其他地区都是普遍存在的。

正如李光耀所说，新加坡人是中国闽粤一带失地农民的后代。“闽广人稠地狭，田园不足于耕，望海谋生”，为了生存，无数的闽粤子弟背井离乡，走上了下南洋之路，他们以自己忍耐、吃苦、对环境超强的适应力，在南洋扎下了根，并逐渐开枝散叶。

有意思的是，在胡建成的家乡浙江宁海，人们也对番薯情有独钟，甚至给番薯酒起了一个奢侈的名字——宁海茅台。因此，新加坡老移民身上的这种“番薯精神”自然和胡建成自己的精神脉络是相通的。

近30年来，新加坡政府为了弥补低生育率导致的人口数量不足、平衡种族结构和发展高新产业，采取大规模引进高素质移民的国策，招徕以华人为主的大批净移民。于是，1990年，中国和新加坡建交后，国内掀起了又一股移民新加坡的热潮。新加坡不仅经济发达、法制健全，而且国人适应那边的饮食文化，有宾至如归之感。这批中国移民相对于老移民，被称为新移民，他们大多为具有良好教育背景的专业人士和技术人员，这与新加坡人才立国的国策是一致的。

如果说老移民下南洋是为了生存，那么新移民下南洋则是为了发展。有别于老移民的“番薯精神”，笔者姑且把新移民的特质称为“藤蔓精神”。藤蔓总是向上爬，朝着阳光和雨露更充足的地方不断伸展，它们坚韧不拔，默默地努力，悄悄地前进，不愿止步于眼前的安逸，勇于打破各种束缚。现代作家陆蠡有一篇《囚绿记》，讲到他在北平的一家公寓外发现了一株常春藤，因为喜爱，将其柔条牵进屋里，但常春藤尽管被“幽囚”在黑暗的小屋里，却一直固执地向窗外迎着阳光生长，这就是“藤蔓精神”。

在胡建成身上，我看到了“番薯精神”和“藤蔓精神”的合二为一，胡建成的踏实肯干如番薯之扎进大地，胡建成的理想主义如藤蔓之向往天空，前者让他懂得处世以“感恩”与“真诚”为本，后者让他创业不断寻求新的突破，如今胡建成事业上的成就也是建立在两者共振的推力上，相信读者看过本书后便会了然，这里不再赘述。

胡建成的《新加坡封城日记》中提到自己在新加坡国立大学读书时，老师黄铁鹰写了一本书，名为《海底捞你学不会》。胡建成曾带领手下员工去吃海底捞，并且人手发了一本学习，还让员工们写学习心得。不过海底捞吃完了，学习心得却没有一个人交上来，胡建成也不好意思向他们追讨，因为事实上连他自己也没学会。这里我想说的是，海底捞你可能学不会，但胡建成你肯定学得会，这也是本书最大的意义所在。相信很多人读过这本书之后应该也会有这样的感觉，希望本书能够给你的创业之路或者未来之旅带来正能量和新的启迪，尤其是准备创业的年轻人，希望本书能为你带来更多蜕变的勇气和思路，在将来的舞台上化蛹成蝶，翩翩起舞。

胡建成刚过不惑之年，就有一本这样的传记面世，无疑证明了他的优秀，但写这本传记的目的不是为了证明什么，而是一个人到了不惑之年，想把自己一点心得与他人分享，自己不惑，也要为他人解惑，取之于社会回馈于社会而已。当然，不是每一个人的人生都能写出一本厚重的传记，传记要厚重，意味着人生要精彩。而拥有精彩的人生不记录下来与人分享，又是一种遗憾，百年倏忽而过，以后谁会记得你呢？生命有两种，一种是肉体，一种是记忆，如果我们能被人记住，生命就能够永恒，如电影《寻梦环游记》所讲述的那样。

胡建成文理皆通，他完全有写自传的能力，只是他还年轻，不好意思“王婆卖瓜”。年轻还要发展，可能有些话现在讲出来还不合时宜，未免留点遗憾。古人“七十致仕”，也就是退休，孔子讲“七十从心所欲”，退休了之后，没有顾虑，讲话也就可以从心所欲了。我期待着，胡建成将来从事业上退休之后，可以拿起笔来，留下一本“从心所欲”的自传，毕竟来日方长，还会发生很多精彩的故事。

笔者给胡建成写传记的时候，胡建成也在写《新加坡封城日记》，他在写自己和他人，我在写他，正合了卞之琳《断章》中的句子“你站在桥上看风景,看风景的人在楼上看你”。本书的写作贯穿了整个新加坡“封城”时期，还经历了哈工大2020年6月7日百年校庆的日子，这也让这本传记有了特别的纪念意义。

潘剑冰